Anselm Grün / Christiane Sartorius

# Dem Himmel zur Ehre – den Menschen zum Zeichen

Anselm Grün / Christiane Sartorius

# Dem Himmel zur Ehre – den Menschen zum Zeichen

## Menschliches Reifen im Ordensleben

HERDER
FREIBURG · BASEL · WIEN

Neuausgabe 2001

Umschlaggestaltung: Finken & Bumiller, Stuttgart
Umschlagmotiv: KNA-Bild, Frankfurt am Main


www.herder.de
Druck und Einband: fgb · freiburger graphische betriebe 2001
www.fgb.de
Gedruckt auf umweltfreundlichem,
chlor- und säurefrei gebleichtem Papier
ISBN 3-451-27596-1

# Inhalt

# Vorwort

Den Anstoß zu diesem Buch gaben immer wieder Anfragen von Ordensgemeinschaften nach Kursen über menschliche Reife im Orden. Vor allem Ordensfrauen waren an diesem Thema interessiert. Deshalb habe ich (P. Anselm Grün OSB) Sr. Christiane Sartorius OP gebeten, mit mir gemeinsam etwas über dieses Thema zu erarbeiten. In der Arbeit im „Recollectiohaus" – Benediktiner-Abtei Münsterschwarzach – komme ich zwar mit vielen Schwestern zusammen und erfahre von ihnen, wie es in ihren Gemeinschaften aussieht. Aber da sehe ich ihre Gemeinschaften nur durch eine gefärbte Brille. Daher wollte ich dieses Buch nicht allein schreiben, sondern zusammen mit einer Ordensfrau. Sr. Christiane Sartorius ist seit 1970 Missionsdominikanerin in Neustadt am Main. Sie arbeitet seit 1978 als Ergotherapeutin im dortigen Rehabilitationszentrum für psychisch Behinderte. Seit 1980 ist sie im Ausbildungsteam für junge Schwestern; mehrere Jahre war sie auch Subpriorin ihrer Gemeinschaft. Sie lebt also seit 25 Jahren mitten in einer Ordensgemeinschaft, so daß auch sie einen guten Blick für die Strukturen einer solchen Gemeinschaft hat, die Reife fördern oder hemmen. Die Ausbildung zur Gestalttherapeutin hat ihr geholfen, ihren Ordensweg und ihre Gemeinschaft nochmals mit neuen Augen zu sehen. Unsere Gespräche über die menschliche Reife im Ordensleben ließen dieses Buch entstehen.

*Abtei Münsterschwarzach, August 1995*
*Anselm Grün*

# Einleitung

Der Begriff der Reife kommt vom Wachsen einer Frucht. Reifen ist ein Wachstumsprozeß. Reif ist eine Frucht, wenn sie zu dem geworden ist, was sie von ihrer Bestimmung, ihrem Wesen her sein soll und sein will, wenn sie genießbar geworden ist für andere, wenn sie die in ihr angelegte Schönheit entfaltet hat. *Menschliche Reife* bedeutet, daß ein Mensch aufblüht, daß sichtbar wird, was in ihm an Möglichkeiten und Fähigkeiten angelegt ist, daß es um ihn herum blüht und Frucht bringt. Und die Reife zeigt sich auch darin, daß einer gut mit sich und seinen Mitmenschen umgehen kann, daß er beziehungsfähig und teamfähig ist und daß er die Welt mitgestalten kann. Entscheidend für die Reife eines Menschen ist, daß er sich mit seinem Leben ausgesöhnt hat und Ja sagen kann zu sich selbst, so, wie er geworden ist. Kennzeichen menschlicher Reife sind Gelassenheit, innerer Friede, Lebendigkeit und Offenheit, Fruchtbarkeit und Kreativität.

*Reif werden im spirituellen Sinn* meint, daß jeder das einmalige Bild zur Vollendung bringt, das Gott sich von ihm gemacht hat, daß er sein eigenes Wesen verwirklicht, daß er zu der Gestalt findet, die ihm von Gott her zugedacht ist. Nach Thomas von Aquin ist jeder Mensch ein einzigartiger Ausdruck Gottes. Es gibt etwas Göttliches, das nur durch uns Menschen ausgedrückt werden kann. Die Welt wäre ärmer, wenn nicht jeder einzelne von uns auf seine Weise Gott in dieser Welt darstellt. Romano Guardini meinte einmal, jeder Mensch sei ein Wort, das Gott nur über diesen einmaligen Menschen spricht. Und unsere Aufgabe bestehe darin, dieses einmalige Wort Gottes, das in uns Fleisch geworden ist, in dieser Welt vernehmbar zu machen. Um zur spirituellen Reife zu gelangen, muß ich auf die Stimme Gottes in mir selber hören. Durch diese Stimme in mir kann ich das Bild erkennen, das Gott sich von mir gemacht hat. Seine Stimme höre ich in den bellenden Hunden meiner Gefühle und meiner Gedanken, in meinen Leidenschaften und meinen Bedürfnissen, in meinen Nachtträumen und meinen Tagträumen, in meinen Krankheiten und meinen Verspannungen. Gott spricht nicht nur im Wort der Bibel und in der Liturgie zu mir, sondern durch die Realität meines Leibes, meiner Seele, meiner Arbeits- und Beziehungswelt. Wir nennen dies „Spiritualität von unten", im Gegensatz zu einer Spiritualität von oben, die allein von äußeren Idealen ausgeht, wie wir sie etwa in der Bibel oder in der kirchlichen Tradition finden oder die uns von den Eltern vorgegeben worden sind.

Schon 1960 fand in Innsbruck für die österreichischen Ordensoberinnen eine Tagung unter dem Leitthema statt: „Menschliche Reife im Ordensleben". Bei dieser Tagung versuchten die beiden Referenten, die Reife von der Entwicklung der natürlichen Tugenden, der vier Kardinaltugenden, her zu definieren. Der damals neue Ansatz bestand darin, die menschlichen Grundlagen geistlichen Lebens in der Weise anzuschauen, daß man davon ausging, daß die Gnade auf der Natur aufbaue. Aber wenn wir heute die Darlegungen lesen, sind sie doch sehr weit weg von unserer heutigen Denkweise und unserem heutigen Sprachgefühl.

1988 fand in Würzburg für die deutschen Ordensobern (Männerorden) eine Tagung zum gleichen Thema statt. Da wurde nicht von den Kardinaltugenden gesprochen, sondern von krankmachenden und heilenden Strukturen im Ordensleben, von der Infantilisierung, die wir manchmal im Orden entdecken, und von Möglichkeiten der Reifung und Heilung. Der Reifungsprozeß in den Orden ist zudem nicht nur Aufgabe des einzelnen, sondern auch der ganzen Gemeinschaft. Die Gemeinschaft als solche muß einen Reifungsweg gehen. Dabei werden sich Ordensleute hüten, ihre Gemeinschaft als selbstverständlich heilende Gemeinschaft zu bezeichnen. Sie kann zwar durchaus heilende Elemente enthalten. Aber oft genug entdecken Ordensfrauen und -männer in ihr auch ein neurotisches Geflecht von Beziehungen und Strukturen.

Einige Gedanken, die bei dieser Tagung P. Vitus Seibel und P. Meinrad Dufner vorgetragen haben, sind im folgenden mit verarbeitet. Dabei sollen aber sowohl die verschiedenen, speziellen Themen der Männerorden bzw. der Frauenorden berücksichtigt werden.

# 1

# Psychologische Wege der Reifung

„Das Reifsein des Menschen ist eine ideale Größe, die nur selten ganz erreicht wird. Nicht das Reifsein, aber das Reifwerden ist uns aufgegeben" (Stenger: Glauben, 35; *exakte Quellenhinweise jeweils im Anhang dieses Buches*). Man kann kein allgemeines Bild von Reife entwerfen. Die Reife eines Menschen ist altersspezifisch zu sehen und vom jeweiligen Geschlecht abhängig. Jedes Lebensalter hat seine eigene Entwicklungsstufe. Reif ist ein Mensch, der die Aufgabe dieser Entwicklungsstufe erfüllt. Menschliche Reife im Orden sieht für die Alten anders aus als für die Jungen. Eine reife Frau hat andere Merkmale als ein reifer Mann.

Es gibt in der psychologischen und spirituellen Literatur verschiedene Beschreibungen von Reife. Wir müssen erst die psychologischen Reifungswege abschreiten, bevor wir mit Hans Schaller Reife im spirituellen Sinn beschreiben können als „fortschreitende Zentrierung einer Person, die aus einer dynamischen Mitte heraus lebt, sich selbst wandelt, ihre Antworten auf das Leben immer zentraler und auch stimmiger aus dem Glauben an den Gott Jesu Christi bezieht" (Schaller, in: PraktLexSpir, 336f). Schaller fährt fort: „Das Ziel, woraufhin wir in diesem Glauben wachsen, ist nach dem biblischen Zeugnis Jesus Christus. Seine Person soll in unserem Leben Fleisch werden, soll es prägen und durchwirken, wie es im programmatischen Satz von Johannes dem Täufer zusammengefaßt ist: ‚Er muß wachsen, ich jedoch abnehmen' (Joh 3,30)" (ebd., 338).

## Sigmund Freud

Die verschiedenen psychologischen Schulen geben jeweils eine andere Beschreibung von Reife. Sigmund Freud unterscheidet im Menschen drei Instanzen: das Ich, das Es und das Über-Ich.

Mein *Ich* reguliert die Beziehung zur Realität und die Triebe, die ich als Mensch in mir vorfinde. Es entschärft die Impulse von Es und Über-Ich und paßt meine Person an die Realität an.

Das *Es* beinhaltet für Freud die Triebe und Bedürfnisse. Hier liegen die sexuellen und aggressiven Kräfte. Das Es ist größtenteils unbewußt und ist das Kräftepotential, ohne das ich als Mensch mein Leben nicht meistern kann.

Das *Über-Ich* enthält die moralischen Verbote und Gebote und die Normen, die ich von meinen Eltern und Großeltern übernommen habe. Das Über-Ich schränkt die Triebe ein und reguliert sie. Es arbeitet mit Verbot und Strafe. Freud kann das Über-Ich auch „Ich-Ideal" nennen. Ich-Ideal meint die innere Instanz des Gewissens, das die Wirklichkeit des Ichs am Ideal mißt. Weil aber das Ich nie dem Ideal entspricht, arbeitet das Über-Ich mit Verdrängung. Es verdrängt die Triebe, die dem eigenen Ideal nicht entsprechen. Aber es verdrängt nicht nur, sondern es sublimiert auch. Es verlagert die Triebenergie auf andere Objekte. Die sexuelle Energie wird z. B. auf die Kultur verlagert und so zum kulturstiftenden Faktor schlechthin.

Reife im Sinne Sigmund Freuds würde für den Ordenschristen bedeuten, daß er ein starkes Ich entwickelt, das genießen und verzichten kann, das sich in der Welt zu behaupten vermag. Und Reife verlangt, daß ich mich vom Über-Ich befreie und mein eigenes Gewissen entwickle, das selbständig denken und urteilen kann. Ich muß die Wirklichkeit des Es berücksichtigen, die Kraft meiner Triebe. Und ich muß lernen zu unterscheiden, ob die inneren Normen der Tiefe meines Gewissens entspringen oder ob sie mir von außen aufgezwängt worden sind. Reife bedeutet, im Gewissen mit dem innersten Personkern in Berührung zu kommen, mit der inneren Klarheit, was für mich stimmt und was nicht. Im Orden müssen wir dafür sensibel werden, ob sich in unserem Gewissen das Über-Ich einer Ordensideologie versteckt. Die Gefahr besteht darin, daß wir unser Gewissen mit dem Ordensideal identifizieren, so daß dieses zur obersten und einzigen Norm wird. Zur Reifung als Mensch aber gehört, mich innerlich von der Ordensideologie einer Gemeinschaft distanzieren zu können, um auch dem eigenen Gewissen zu folgen.

Wenn sich der Ordenschrist innerlich frei fühlt, dann steht er vor der Aufgabe, mit sich und seinen Trieben auf angemessene Weise umzugehen. Dazu muß er lernen, seine Bedürfnisse zuzugeben und dann frei zu entscheiden, welche Bedürfnisse er befriedigen und auf welche er verzichten möchte. Im Orden haben wir oft verlernt, unsere Bedürfnisse wahrzunehmen und mit ihnen frei umzugehen. Bedürfnisse werden von der Ordensideologie verleugnet. Sie dürfen nicht sein. So kann die Ordensideologie dazu führen, daß wir unsere menschlichen Bedürfnisse einerseits verdrängen und dann anderseits oft genug heimlich leben. Der Prozeß der Reifung verlangt für den einzelnen Ordenschristen, daß er mehr und mehr sein eigenes Gewissen entdeckt, daß er spürt, was für ihn stimmt und was ihn in Berührung bringt mit dem Bild, das Gott sich von ihm gemacht hat. Auch die Gemeinschaft eines Ordens darf mich nicht der Aufgabe entheben, mein eigenes Selbst zu entdecken und zu leben. Die Gemeinschaft wird erst dann reif sein, wenn in ihr die einzelnen zu ihrem wahren Wesen gefunden haben, wenn sie ihrem eigenen Gewissen trauen und die Ansprüche der Gemeinschaft mit den Bedürfnissen der eigenen Person zu einem guten Ausgleich bringen.

## Alfred Adler

Für Alfred Adler gibt es vier große Lebensaufgaben, die der Mensch im Laufe seiner Lebensgeschichte verwirklichen muß, um reif zu werden:

(1) die soziale Beziehung und die Kooperation mit anderen Menschen,
(2) Art und Umstände der Tätigkeit im Beruf,
(3) Umgang mit Liebe und Sexualität,
(4) Stellung zu Kunst und schöpferischer Gestaltung.

Der Mensch kann sein angeborenes Gefühl von Minderwertigkeit nach Adler nicht durch Kompensierung auf anderen Gebieten, nicht durch das Streben nach Macht, Geltung und Überlegenheit überwinden, sondern nur durch das Gemeinschaftsgefühl, durch die Bereitschaft, sich auf die Gemeinschaft einzulassen. Adler würde bei Ordensleuten danach sehen, wie sie in der Gemeinschaft leben, ob sie beziehungsfähig und teamfähig sind. Für ihn ist es auch wichtig, ob wir liebesfähig sind. Wir können nur wirklich lieben, wenn wir mit unserer Sexualität gut umgehen und sie in den Gesamtentwurf unseres Lebens integrieren. Die Kreativität ist ein weiteres Zeichen für die Reife, außerdem der Sinn für Kultur, die Offenheit für die Kunst, die Lebenskultur einer Gemeinschaft und des einzelnen. Reife zeigt sich nach Adler – in einer Ordensgemeinschaft – folglich dann, wenn sie beispielsweise im Sinn des hl. Benedikt eine gute Lebenskultur entwickelt, wenn man ihr die „Lust am Leben" in ihrem Miteinander ansieht, an ihren gemeinsamen Feiern und an ihrer Liturgie.

Sensibel sollte eine Gemeinschaft darauf achten, wieviel an Kompensation in ihr geschieht. Da gibt es die Kompensation der persönlichen Armut durch einen aufwendigen gemeinsamen Lebensstil. Da gibt es die Kompensation der eigenen Minderwertigkeit durch das Image, das Ordensleute heute in der Gesellschaft immer noch haben. Und da gibt es die Kompensation der

Sexualität in einem übertriebenen Geltungsbedürfnis. Adler möchte uns dazu herausfordern, Kompensationen, Ersatzbefriedigungen und Selbsttrostmittel zu lassen, um in der Gemeinschaft eine Lebenskultur zu entwickeln, die uns lebendig hält und reif werden läßt.

## Humanistische Psychologie

Die humanistische Psychologie spricht von der Einmaligkeit jeder Person. Reif ist der Mensch, der sich selbst verwirklicht, der seine einmalige Berufung im Laufe seines Lebens entfaltet. Zur Selbstverwirklichung gehört nach Carl Rogers auch, daß der Mensch seine religiösen Bedürfnisse zuläßt und erfüllt. Es kommt darauf an, daß jeder seine eigene innere Wertung entdeckt und ihr gemäß handelt, anstatt sich nach den Erwartungen der anderen zu richten. Die humanistische Psychologie will uns in Berührung bringen mit der inneren Quelle, die in jedem sprudelt. Letztlich ist dies die Quelle des Heiligen Geistes. Ziel jeder Therapie ist, daß der einzelne durch seine Lebensgeschichte und durch seine vielfachen Verletzungen hindurch zur Quelle vordringt, die in ihm strömt und nie versiegt, weil es eine göttliche Quelle ist.

Die humanistische Psychologie würde also bei der Frage nach der Reife im Ordensleben vor allem darauf achten, ob – einerseits – der einzelne in Berührung ist mit seiner Quelle oder ob er sich nur an Vorgegebenes anpaßt und sich von der Gemeinschaft her definiert und seinen Selbstwert bezieht. Die Gemeinschaft darf – anderseits – den einzelnen nicht auf dem Weg zu seiner Quelle hindern, sondern sollte ihn herausfordern und darin unterstützen, seinen Weg nach innen, zu den ihm eigenen Ressourcen zu gehen.

## C. G. Jung

Für C. G. Jung bedeutet Reifung, den Weg der Individuation oder Selbstwerdung zu gehen. Jeder Mensch soll vom äußeren Ich, an dem er sich festhält und klammert, zum wahren Selbst vordringen, das sowohl Bewußtes wie Unbewußtes einschließt, das nicht nur die eigene Individualität, sondern auch das Bild Gottes meint.

Der Mensch kann nach Jung nur dann zu sich selbst finden, wenn er in der *ersten Lebenshälfte* (1) ein starkes Ich entwickelt, eine gut durchformte Persona – d. h. das, was jemand im Menschengefüge ist, kann und weiß (wir nennen es auch Rolle, die jemand im sozialen Geflecht spielt) –, und (2) wenn er sich in der Welt behaupten kann und (3) seine Identität gefunden hat.

In der *Lebensmitte* besteht seine Aufgabe dann darin, (1) die Persona zu relativieren, (2) seinen Schatten (die dunklen und die noch ungelebten Seiten seiner Persönlichkeit) zu erkennen und anzunehmen, (3) anima und animus (seine eigen- und gegengeschlechtlichen weiblichen und männlichen Persönlichkeitsanteile) in sich zu integrieren, (4) dem Gottesbild in sich Raum zu geben, d. h. sein kleines Ich loszulassen und sich in Gott hinein zu ergeben. Das Ziel der menschlichen Selbstwerdung ist die Gottesgeburt im eigenen Herzen, das Zulassen des Gottesbildes in der Seele.

Die erste große Reifungsaufgabe der Lebensmitte besteht somit in der *Relativierung der Persona*. Manche Ordensleute identifizieren sich so stark mit ihrer Rolle, daß sie das ureigene Denken und Fühlen hintanstellen. Ihre Persona ist so stark ausgeprägt, daß sie ihrem persönlichen Ich gar nicht mehr begegnen können, es ihnen sogar unbekannt ist. Reifung bedeutet: Mut zu meinen persönlichen Gefühlen, Gedanken und Wünschen und Mut, mich so wahrzunehmen und zu zeigen, wie ich bin.

Je höher die Ideale, desto tiefer der Schatten. Das Ordensleben mit seinen hohen Idealen bringt auch starke Schattenseiten mit sich. Eine Gemeinschaft, die sich dem ehrenvollen Dienst am Mitmenschen, der Nächstenliebe, verschrieben hat, wird – in Folge des Vergessens oder gar des Verleugnens der Selbstliebe (vgl. Lk 10, 27 – oft vom Schatten eines egoistischen Kreisens um sich selbst oder eines unbeweglichen Festhaltens an der eigenen Position heimgesucht. Ein Orden, der die Askese auf seine Fahnen geschrieben hat, erlebt beispielsweise nicht selten, daß einzelne Mitglieder besonders maßlos sind. Oder einer Gemeinschaft, die sich um ein hohes Niveau ihrer Gottesdienste bemüht, mangelt es im persönlichen Umgang dagegen an Kultur und Taktgefühl.

Reifung bedeutet für C. G. Jung, daß wir unsere *Schattenseiten* ehrlich anschauen und uns mit ihnen aussöhnen. Dies gelingt durch die Tugend reifer Demut, die Jung genauso hochschätzt wie der hl. Benedikt, für den „humilitas" den Mut bedeutet, in die eigene Tiefe hinabzusteigen, sich mit der eigenen Erdhaftigkeit und Menschlichkeit auszusöhnen. Demut besteht nach Jung darin, sich mit seinem eigenen Schatten zu versöhnen, der das hohe Idealbild gefährdet oder gar zerstört, das uns und der Gemeinschaft von Menschen zugedacht ist. C. G. Jung meint, wir sollten immer daran denken, daß wir nur der Stall sind, in dem Gott geboren wird. Wir allein sind noch nicht der Palast, sondern der (von Gott erwählte) Stall der Durchschnittlichkeit und Alltäglichkeit, der Stall, in dem es auch chaotisch zugeht, in dem es nicht immer gut riecht, in dem wir manches vor den Blicken der andern verbergen möchten. Gerade dort ist der Ort, an dem Gott in mir geboren werden will und nirgendwo anders. Hier, wo Gott in mir geboren wird, komme ich in Berührung mit meinem wahren Selbst.

Die dritte Aufgabe der Reifung ist für Jung die *Integration von anima und animus,* der weiblichen und männlichen Seelenteile in mir. Jeder Mensch hat in sich anima und animus. Und er wird nur dann ganz, wenn er beide zuläßt. *Animus* meint Tatkraft, Verstand und Willen, Ideale, Kreativität, aber auch im negativen Sinn Sturheit und Tyrannei. *Anima* schließt in sich Mütterlichkeit, Zärtlichkeit, Gefühl, Beziehungsfähigkeit, Wachstum, das Bergende und Pflegende, aber auch im negativen Sinn das Verschlingende, die Hure, die Amazone und Intrigantin.

Den animus in sich zuzulassen würde für die Frau bedeuten, sich den Konflikten zu stellen, den Mut zur Konfrontation aufzubringen, für eine Sache zu kämpfen, sich der Verantwortung zu stellen. Für den Mann bedeutet die Integration der anima, daß er sich seinen Gefühlen stellt, seine persönlichen Beziehungen pflegt, daß er sorgsam und achtsam mit sich umgeht, daß er Phantasie entwickelt, sein Zimmer einzurichten, daß er auch die „weiche" Seite in sich zuläßt. Reife Männer und reife Frauen lassen einander gelten, haben es nicht nötig, sich gegenseitig zu entwerten. Sie befruchten sich gegenseitig und sind füreinander ein Ansporn, jeweils den Gegenpol in sich zu integrieren. Ehelose Ordensleute müssen von vorneherein den Weg der Ganzwerdung gehen, d.h. den Weg der Integration von anima und animus. Das ist ihre Chance, und die Gefahr liegt darin, daß in gleichgeschlechtlichen Ordensgemeinschaften ein Pol dominiert, die Ganzheitlichkeit gefährdet, einseitig betont und der nicht weniger wichtige Gegenpol verdrängt, ausgeschlossen wird.

Die vierte Aufgabe der Reifung besteht nach Jung darin, sein *Ich loszulassen* und *zum Selbst zu gelangen.*

Das meint zum einen: zu akzeptieren, daß ich sterben werde, daß meine biologische Lebenskurve abnimmt. Jung meint, ab der Lebensmitte bleibe nur der lebendig, der bereit sei zu sterben. Da es in den Orden keine Pensionierung gibt, besteht die Gefahr, daß manche Ordensleute das Loslassen vergessen. Sie halten an ihren Posten und Ämtern fest, auch wenn sie ihnen eigentlich nicht mehr gewachsen sind. Man hat den Eindruck, daß sie sich mit Gewalt gegen das Altwerden stemmen und dadurch einen wesentlichen Reifungsschritt verweigern.

Zum zweiten bedeutet das Loslassen des Ichs, daß ich Gott in mir Raum gebe, daß ich mein Selbst entdecke, so wie Gott es geschaffen hat, daß ich in mir den Raum der Stille finde, in dem Gott selbst in mir wohnt und mich zu mir selbst befreit.

Wenn wir das Jungsche Modell der Individuation auf die Reife im Ordensleben übertragen, so ist da vor allem der Aspekt der Ganzheit entscheidend. Für Jung kommt es nicht darauf an, perfekt und ohne Fehler zu sein, sondern ein ganzer Mensch. Im Orden folgen wir oft einem falschen Vollkommenheitsideal. Wir wollen perfekt und fehlerlos sein. Das läßt sich nur erkaufen und haben durch die Verdrängung unserer Schatten. Und manche Ordensideale betonen einseitig das ausschließlich Weibliche oder das ausschließlich Männliche. Sie haben nicht den integrierten, ganzheitlichen Menschen im Blick.

Wir müßten uns heute neu darüber Gedanken machen, wie eine mit ihrem spirituellen Ideal *und* mit sich selbst identische Ordensfrau, wie ein spirituell *und* menschlich gereifter Ordensmann aussähe. Reife und Ganzheitlichkeit bedeuten für einen Mann und eine Frau jeweils etwas anderes, etwas Spezifisches. Doch für beide gehört zur Reife, sich nach dem Gegenpol in sich auszustrecken, für den Ordensmann, seine anima in sich zu integrieren, und für die Frau, ihren animus in sich zu erspüren und zu leben. Der ganzheitliche Mann und die ganzheitliche Frau – als Mitglieder einer Ordensgemeinschaft wie im Leben „in der Welt" – lassen sich gegenseitig gelten. Sie befruchten sich wechselseitig. Sie gehen so miteinander um – reif und erwachsen –, daß aus der gesunden Spannung zwischen Mann und Frau Leben aufblüht, so daß neue Ideen und Lebensqualität entstehen – und der Mut, diese auch in die Tat umzusetzen.

Die Beschäftigung mit C. G. Jung will uns dafür sensibel machen, alles Extreme und Überhöhte als solches zu erkennen und zu meiden. Wenn Ordensideale allzu hochgeschraubt werden, dann klingt das zwar (immer noch) schön oder gar lobenswert und gottgefällig. Wenn wir von Ganzhingabe und Selbstaufgabe, von Selbstlosigkeit und Zerbrochenwerden durch das Kreuz Christi sprechen, dann klingt dies zwar – im Sinne einer falsch verstandenen Kreuzesmystik – heroisch und edel. Aber – solch hohe Ideale werden immer wieder mit dem Verdrängen uns anvertrauter Talente und Personwerte bezahlt. Dieser Preis ist zu hoch und auch spirituell nicht zu rechtfertigen.

Jesus wollte nicht den einseitig geistlichen Menschen, weder den Heroen, noch den nur spirituellen und leiblosen Menschen. Ordensleben heißt nicht, ein geistiges Ideal bis zum Exzeß zu leben und dabei menschlich zerrissen zu werden. Es kommt vielmehr darauf an, daß wir *alle* Seiten, die in uns sind, annehmen, daß wir um unsere Schattenseiten wissen und freundlich mit ihnen umgehen. Nicht der geistlich-perfekte Ordensmann oder die idealistisch-perfekte Ordensfrau sind das Ziel und der Sinn des Ordenslebens, sondern der in Gott und ins menschliche Leben verwurzelte, der ganzheitliche Mensch, der gelassen und auch mit Humor sich selbst treu ist und annehmen kann sowie ein weites, freundliches Herz hat für die Stärken und Schwächen seiner Mitmenschen.

Ein Mitbruder meinte einmal: „Lieber heimlich unmonastisch als unheimlich monastisch". Er hatte ein Gespür, daß alles Extreme, alles unheimlich Korrekte und Perfekte verdächtig sei, daß es nicht zum Leben, sondern zum Tod führe. Je ausschließlicher unser Einsatz immer nur anderen gilt, je extremer wir unsere spirituellen Übungen betonen, desto mehr sind wir auch in Gefahr, unsere gottgewollte Menschlichkeit und unsere den Menschen menschliche Zugewandtheit einzubüßen. Und auch dies: Das Wissen um den Schatten ins uns – um das Dunkle, Verdrängte, Ignorierte, Unfertige, Ungelebte – macht im besten Sinne demütig und fordert heraus, ein gesundes Gleichgewicht zwischen den vielfältigen Persönlichkeitsteilen achtsam wahrzunehmen und zu leben, anstatt sich zum Beispiel rühmen, wieviel man arbeite und wie wenig man schlafe. Kann das eine empfehlenswerte Tugend sein? Oder nicht vielmehr wahrhaftiger: Ausdruck eines gesteigerten Geltungsbewußtseins und Anerkennungsbedürfnisses?

## Erik H. Erikson

Für Erikson sind *Intimität, Generativität* und *Ich-Integrität* Zeichen menschlicher Reife. Zur Reife gehört also, daß ich mich in das Wagnis der Intimität einlasse. Das ist erst möglich, wenn ich ein *sicheres Selbstgefühl* erreicht habe. „Erst wenn ein Mensch fähig ist, sich einem anderen gegenüber abzugrenzen, wenn er in der Beziehung zu einem anderen er selbst bleibt, kann er die Hingabe wagen. Ist die Identität erst schwach entwickelt, so besteht die Gefahr, daß er in der Begegnung mit einem Partner in Abhängigkeit oder Hörigkeit gerät" (Lenzeder, 21).

Die *Generativität* ist „das Interesse an der Erzeugung und Erziehung der nächsten Generation" (Erikson, 117). Sie kann sich aber auch auf eine andere schöpferische Leistung richten. Wo die Generativität ausfällt, beobachtet man oft eine Regression „auf ein quälendes Bedürfnis nach Pseudointimität ..., oft verbunden mit einem übermächtigen Gefühl von Stillstand und Verarmung in den zwischenmenschlichen Beziehungen. Menschen, die keine Generativität entwickeln, fallen oft sich selbst gegenüber dem Gefühl anheim, als seien sie ihr eigenes, einziges Kind: Sie beginnen, sich selber zu verwöhnen" (ebd., 118). Für Ordensleute würde Generativität bedeuten, daß sie sich für die Menschen einsetzen, eine Vision für die Zukunft haben, daß sie kreativ sind und ein Werk schaffen, das für andere bedeutungsvoll ist.

Erikson beschreibt den seelischen Zustand der *Integrität* so: „Er bedeutet die Annahme seines einen und einzigen Lebenszyklus und der Menschen, die in ihm notwendig da sein mußten und durch keine anderen ersetzt werden können. Er bedeutet eine neue, andere Liebe zu den Eltern, frei von dem Wunsch, sie möchten anders gewesen sein, als sie waren, und die Bejahung der Tatsache, daß man für das eigene Leben allein verantwortlich ist" (ebd., 118f). Integrität als Zeichen menschlicher Reife würde für uns Ordensleute bedeuten, daß wir uns zufrieden geben mit unserer konkreten Gemeinschaft, daß wir nicht ständig Ausschau halten, wo wir besser leben und mehr leisten könnten. Zur Ich-Integrität gehört somit die Bejahung des Lebens, so wie es ist. Gerade darin kann ich mein wahres Selbst entdecken und leben, gerade dort kann ich zu dem werden, zu dem Gott mich gedacht hat. Gerade dort, wo ich stehe, kann mein Leben fruchtbar werden. Ich muß nur in aller aufrechten Demut Ja sagen zu dem, was ist, anstatt mich selbst zu bedauern, daß ich so schwierige Mitbrüder oder Mitschwestern bekommen habe, die ich eigentlich doch nicht verdient hätte.

## Gestalttherapie

Die Gestalttherapie will den Menschen befähigen, wieder oder freien Zugang zu seinen gesunden Selbstregulationsmechanismen zu finden. Fritz Perls, ihr Begründer, spricht vom Organismus, der selbst am besten weiß, was ihm gut tut. In jedem Menschen wohnt zuinnerst die Kraft, seine Bedürfnisse und Entfaltungspotentiale wahrzunehmen und sich für deren Lebensrecht und Befriedigung zu engagieren. Voraussetzung dafür ist die Wachheit des Spürbewußtseins, die „awareness", das Wahrnehmen dessen, was jeweils jetzt im Augenblick ist. Die Gestalttherapie vertraut nicht so sehr auf eine – aus der Vergangenheit von „Eltern"-Figuren – vorgegebene Lebensregel. Ihre Sicht und Arbeit vertrauen vielmehr darauf, daß der Mensch mittels der Wahrnehmung seiner jeweils aktuellen Bedürfnisse und Befindlichkeiten sowie der äußeren Umweltbedingungen in der konkreten Situation die für ihn und die Umwelt beste Lösung findet. Neurotisch wird der Mensch immer dann, wenn er den Kontakt zu sich, seinen Mitmenschen und dem Hier und Jetzt verliert.

In der Gestalttherapie steht der Mensch mit seinen sozialen, psychischen und leiblichen Aspekten in einer wesenhaften Beziehung zu seiner Umwelt. „Der Mensch ist mit seinem Leib auf diese Welt gerichtet, in der er sieht und gesehen wird, die er berührt und von der er berührt wird" (Petzold). Alles Sein ist Mit-Sein. Perls ist hier beeinflußt von der Ich-Du-Philosophie Martin Bubers. Das Ziel menschlichen Reifens ist für ihn nicht zuerst Sicherheit und Stabilität, sondern insbesondere – als deren Gegenpol – die Suche nach Freiheit, der Impuls, weiter zu wachsen und sich zu entwickeln. Hinter der vielleicht dominanten Suche nach Sicherheit steckt oft die Angst, dem Konflikt bzw. der Herausforderung, sich ungewohntem, unentdecktem, weil verdrängtem Neuland im eigenen und im Leben mit anderen zu stellen, nicht gewachsen zu sein. Fritz Perls will dem Menschen helfen, diese Angst zu überwinden, indem er ihn in die Gegenwart stellt und intensiv das erleben läßt, was hier und jetzt ist. Die Gestalttherapie ist daran interessiert, *wie* wir unsere Beziehungen gestalten, und sie ermutigt uns, dafür Verantwortung zu übernehmen. So kann das Vertrauen in die eigene Fähigkeit und Kraft wachsen, noch Ungestaltetem in unserem eigenen, persönlichen Haus Gestalt zu geben und mit den Mitmenschen und deren Anderssein konstruktiv umzugehen.

Wichtige Fragen in der Gestalttherapie sind: Was will ich? Wer bin ich jetzt? Wo bin ich? Wo passe ich mich anderen und anderem an – und wo, wie passe ich mir meine Umwelt an? Die Mitmenschen und ich werden beide respektiert. Im Bezogensein auf mich selbst sowie in meinem Bezogensein auf andere/anderes und deren Bezogensein auf mich finden die entscheidenden Reife- und Wachstumsschritte statt.

Wir leben in einem doppelten bipolaren Prozeß: Einerseits gibt es in mir selbst widersprüchliche Bedürfnisse – überkommen aus Vergangenem und drängend aus dem Augenblick –, die es auszusöhnen gilt, und andererseits gibt es die Spannung von Person zu Person, in deren Bezogensein unterschiedliche Erwartungen oder Wünsche aufeinanderprallen, die es ebenfalls gilt auszusöhnen (und nicht einseitig platt zu bügeln). Menschliche Reife versteht sich in der Gestalttherapie nicht als ein fertiger Zustand, sondern als fortwährender, lebendiger, dem inneren und äußeren Leben zugewandter Prozeß. Darin muß ich immer wieder neu das Gleichgewicht suchen in mir selbst sowie zwischen den anderen und mir. Die Gestalttherapie unterstützt den Menschen in diesem Prozeß, indem sie ihn alle Impulse bei sich und den andern unvoreingenommen wahrnehmen läßt. Sie ermutigt ihn, die dabei auftretenden Spannungen auszuhalten, und stärkt sein Vertrauen, daß er auf diesem Weg zu einer Lösung findet, die ihm vorher nicht vorstellbar war. Dies ist nur möglich, wenn er alle Aspekte seines Seins zuläßt und nicht ausgrenzt.

Zum Reifen gehört in der Gestalttherapie vor allem, noch unerlöste, vergangene Ereignisse, insbesondere solche, die mich verletzt haben, dort zu lassen, wo sie hingehören: in die Vergangenheit. Ein Paradox? Es wird dadurch überwunden, daß ich unerlöst Erlebtes und seine Verwundung jetzt und bewußt, d. h. „ganz" durchlebe, ihm so die noch ausstehende Gestalt gebe, es gleichsam abschließe und mich mit ihm aussöhne. Dazu gehört auch, einmal gelernte Verhaltensmuster zu überprüfen, ob sie jetzt noch passen, ob sie jetzt noch not-wendig sind, ob sie jetzt noch die Aufgabe erfüllen wie zum Zeitpunkt des Erlernens.

Reife zeigt sich somit in der Fähigkeit, ganz im Hier und Jetzt zu leben und die inneren und äußeren Regungen wahrzunehmen, ohne sie zu werten oder gar zu verurteilen. Von der Gestalttherapie könnten wir für die Reifung der einzelnen und der Gemeinschaften im Orden lernen, vorurteilsfrei das wahrzunehmen, was in jedem von uns und was in unseren Gemeinschaften ist. Wenn wir die inneren und äußeren Spannungen wahrnehmen und die Impulse in uns akzeptieren, ohne sie zu bewerten, gerade auch die Impulse, die unseren Idealbildern widersprechen, kann in uns und unseren Gemeinschaften ein echter Wachstumsprozeß einsetzen. Dieser wird von einer verantwortungsvollen Entscheidung jedes einzelnen und der Gemeinschaft mitgetragen.

Im Orden gehen wir meist von Idealbildern aus. Wir halten sie einseitig für die ganze Wirklichkeit und übersehen dabei die positive Herausforderung des Augenblicks. Die Spannung zwischen den unterschiedlichen, ja sogar widersprüchlichen Strebungen in uns selbst und in unseren Gemeinschaften sowie die Auseinandersetzung mit ihnen kann uns jedoch näher zu unserem tieferen Wesen führen. Dieser Spannung zwischen Ideal und „gemeiner" Wirklichkeit muß ich mich stellen, um aufrichtig zu leben. Wir sind aber nicht selten in diesem Sinne unaufrichtig und verteidigen einseitige Bilder von uns selbst, von den anderen, vom Ordensleben und auch von Gott. Wir grenzen wesentliche Impulse aus und behindern so persönliches und gemeinschaftliches Wachstum. Die Lebendigkeit erstarrt.

Vielleicht hängt die Schwere und Schwerfälligkeit mancher Ordensgemeinschaften damit zusammen, daß sie – aus Angst?, aus allzu fester Verhärtung im vermeintlich Guten? – so sehr auf ihre Ideale fixiert sind, daß sie starr, unbeweglich, aber auch freudlos werden. Die Gestalttherapie fördert die aufrichtige Auseinandersetzung mit den vielleicht ungewohnten, kastrierten, jedoch lebendigen Antrieben in uns. Es geht auf dem Weg menschlichen Reifens auch im Ordensleben darum, diese zu integrieren, anstatt sie ins Dunkle, ins Abseits zu verdrängen oder sie zu bekämpfen.

Die Gestalttherapie vertraut darauf, daß der Mensch im Wesen gut ist. „Veränderung tritt dann ein, wenn man wird, was man ist, und nicht, wenn man versucht zu sein, wie man nicht ist, aber meint sein zu müssen. Indem wir aufhören, etwas verändern zu wollen und uns voll einlassen auf unsere augenblickliche reale Situation, wird sinnvolle und geordnete Veränderung erst möglich" (Ladisich-Raine). Reifung des einzelnen und der Gemeinschaft geschieht demnach nicht in erster Linie durch Ideale, die wir uns überstülpen. Indem wir uns auf die Wirklichkeit einlassen, wie sie ist, und ihr die Ideale als eine zweite Realität gegenüberstellen, kann ein Prozeß des Wachsens beginnen. Erst wenn wir bereit sind, die augenblickliche Wirklichkeit wahrzunehmen, ohne sie zu werten und zu verurteilen, werden wir Visionen finden, was sich an uns und unseren Gemeinschaften kreativ und mit Freude verändern kann. Es gilt, einmal gültige, dann aber fortschreibend fraglos verinnerlichte Ideale und Normen zu überprüfen und eventuell umzuschreiben, wenn sie dem Augenblick und dem Ebenbild Gottes nicht mehr dienen.

Wenn ich im Augenblick lebe, werde ich zunehmend sensibel für das, was sich gerade tut. Ich werde offen für Impulse, die Gott mir gibt: etwa Impulse, auf einen anderen zuzugehen oder neue Wege nach außen zu beschreiten, neue Wege des Miteinanders oder des fairen Streitens zu finden. Sich auf den Augenblick einzulassen bringt nicht nur in die persönliche Entwicklung, sondern auch in die Entfaltung einer Gemeinschaft Lebens- und Glaubensfrische, die doch eine unverzichtbare Quelle des Ordensalltags sind.

## Initiatische Therapie – Karlfried Graf Dürckheim

Seit Ende der sechziger Jahre gingen viele Priester und Ordensleute nach Todtmoos-Rütte zu Graf Dürckheim, um von seiner initiatischen Therapie zu lernen. Eine Reihe von Mönchen von Münsterschwarzach war damals auch bei Dürckheim. Sie haben ihm sehr viel zu verdanken. Durch ihn haben sie zum Beispiel ein neues Gespür für einen wesentlichen Aspekt ihres Menschseins, für ihren Leib und den leibhaften Ausdruck des Glaubens, bekommen. Und sie haben in der Begegnung mit ihm gelernt, ihre eigene benediktinische Tradition mit neuen Augen zu sehen. Die Erfahrungen, die sie auf dem Hintergrund der initiatischen Therapie Dürckheims mit ihren eigenen spirituellen Quellen gemacht haben, sind in die Kleinschriften und in die Kurse eingeflossen, die sie in ihrem Gästehaus anbieten.

Graf Dürckheim arbeitete als Psychotherapeut vor allem im Geiste C. G. Jungs. Darüber hinaus hat er seine Therapie durch seine Begegnung mit Meister Eckhart und später mit dem Zen-Buddhismus weitergeführt zur Initiatischen Therapie. „Initiare" übersetzt Dürckheim selbst mit „den Weg zum Geheimen öffnen" (Dürckheim: Wandlung, 14) oder „das Tor zum Geheimen öffnen" (ebd., 16). Im klassischen Latein meint initiare „einweihen zu einem geheimen Gottesdienst". Auch die Taufe wird mit diesem Wort beschrieben. Das Geheime, in das Dürckheim seine Gäste einweihen will, ist „die uns immanente Transzendenz, der uns innewohnende Christus" (ebd., 16). Er kann es auch „unser Wesen" nennen. Wir sind in Berührung mit unserem Wesen, wenn wir aufgeben, uns in der Welt zu behaupten, wenn wir durchlässig werden für das Sein, für Gott. Unter „Wesen" versteht Dürckheim „die Weise, in der das unbedingte göttliche Sein in individueller Weise in ihm anwesend ist und in ihm und durch ihn offenbar werden möchte in der Welt" (ebd., 39).

Das Ziel der Initiatischen Therapie ist die Verwandlung des Menschen zu dem, der das überweltliche Sein bezeugt, „die Verwandlung des ganzen Menschen zur Transparenz" (ebd., 20). Der Weg zu dieser Verwandlung geht über die Übung im Leib, über Meditation und meditative Übungen, die ein Gespür für den Leib und seine Durchlässigkeit für Gott fördern wollen.

Auf diesem Weg der Verwandlung begegnet der Mensch aber auch seinem *Schatten.* Es gibt keine Verwandlung, ohne daß der Mensch seiner *ganzen* Wahrheit ins Auge sieht. Dürckheim hat sehr viel mit Ordensleuten gearbeitet und dabei erfahren müssen, daß religiöse Gemeinschaften, die nur auf die Einhaltung ihrer Normen aus sind, oft „Pflanz-, Brut- und Bewahrungsstätten von Schattenkräften" (ebd., 16) sind. „Die Folge ist eine weitgehend unwahre und vergiftete Atmosphäre, die unerträglich wäre, gäbe es nicht immer wieder einzelne Ordensmitglieder, Vorgesetzte oder Kollegen, die echte Menschen sind und kraft ihrer persönlichen Gottes- oder Christuserfahrung, ohne viele Worte, reinigend, versöhnend, befreiend, am Ort und am Werk wären" (ebd., 169). Die Schattenkräfte, denen der Mensch auf seinem Weg zur Transparenz begegnet, sind (1) seine Vitalität und Sexualität, die er oft genug verdrängt hat, sowie (2) den beiden Polen von animus und anima, (3) seinen Ängsten und (4) seinem Suchen nach Sicherheit in dieser Welt.

Auf dem Weg zu seinem Wesen muß sich der Mensch auch den *Grundnöten* stellen, die mit seiner Existenz gegeben sind. Es sind die Grundnöte „des Todes, des Absurden und der totalen Einsamkeit" (ebd., 73). Dürckheim nennt es Nachfolge Christi, sich diesen Nöten zu stellen und dabei das Kreuz der eigenen Menschwerdung anzunehmen, die nur über das Loslassen des Welt-Ichs möglich wird, das sich immer wieder neu an weltlichen Sicherungen anklammern möchte.

Für Dürckheim ist es wichtig, daß der religiöse Mensch sich nicht damit zufrieden gibt, theologisches Wissen oder Wohlverhalten in einer Gemeinschaft zu erlernen. Er muß zum Zeugen für die in ihm wohnende Transzendenz, für den Christus in ihm, werden. Und er muß auf diesem Weg zur Reife gelangen. Unter Reife versteht Dürckheim das Fruchtbringen in einem dreifachen Sinn: (1) einmal die biologische Reife, wenn der Mensch fähig wird, im Einswerden mit dem Geschlechtspartner ein Kind zu zeugen, dann (2) die Reife des Handwerkers oder Künstlers, der im Einswerden mit seiner Sache Frucht bringt. „Endlich entsteht 3. aus eigentlich menschlicher Reife, dem Einswerden des Welt-Ichs mit dem Wesen, als Frucht: der zur Transparenz verwandelte Mensch, der, wahrhaft Person geworden, Christus hindurchtönen lassen kann – ihm selbst vernehmbar, aber schöpferisch-erlösend auch hintönend in seinen Umkreis" (ebd., 23f). Unter Reife versteht Dürckheim somit auch, daß jeder auf seine individuelle Weise das göttliche Sein bezeugt, daß jeder in seiner Art das einmalige Antlitz Christi wird, das nur er widerspiegeln kann.

Graf Dürckheim hat viele Ordensleute unterstützt, ihren spirituellen Weg auf neue Weise zu gehen. Den Mönchen von Münsterschwarzach, die er persönlich begleitete und auch durch eigene Kurse in der Abtei auf ihrem Weg ermutigte, hat er einen Weg gewiesen, in der eigenen Tradition nach dem Reichtum der Erfahrung zu suchen, der in den Übungen und Formen des Mönchtums überliefert ist. Das hat ihnen geholfen, den Sinn mancher Tradition neu zu entdecken. Und es hat ihnen ein Kriterium dafür an die Hand gegeben, was echt und was nur aufgesetzt ist und fraglos weitergegeben wurde, ohne noch seinen Sinn zu erfassen. Dürckheim wollte keineswegs, daß man seine Gedanken und seinen Weg einfach nur kopiert. Er wollte die persönliche Auseinandersetzung. Viele Ordensleute, die sich mit seinem initiatischen Weg befaßten, entdeckten für sich Wege, ihr Ordensleben in neuer Identität bewußt zu leben und ihren Ordensweg als einen Reifungsweg zu verstehen, als einen Weg zur Transparenz und persönlichen Bezeugung des überweltlichen Seins, des Christus in ihnen. Und – sie haben auf ihrem Weg auch immer wieder schmerzlich gesehen, wieviele Ordensleute unverwandelt bleiben, obwohl sie treu ihre religiösen Pflichten erfüllen.

Der Leib, den man nicht nur hat, sondern der man ist, wurde für sie zum wichtigen Übungsfeld, um offen zu werden für Gott, wurde aber auch zum Indikator, wie weit ich mich von Gott durchdringen und verwandeln lasse. Viele, die meinen, in guter Weise zu glauben, drücken nicht selten in ihrem Leib ihre ganze Angst aus, sich wirk-lich in Gott hinein loszulassen. Sie sind aber nicht verwandelt, sondern haben alle verdrängten Schattenteile zum Beispiel in ihrem Rücken wie auf einem Müllplatz abgelagert, so daß sie sich dort anfühlen wie ein Brett. Dürckheim sagt an anderer Stelle: „Wo beispielsweise der Mensch seine Kopflastigkeit nicht in seiner leibhaften Mitte aufzuheben vermag, bleibt seine Verwandlung meist Einbildung. Nur der in seine Mitte ‚Gelassene' kann frei werden von Angst. Der Schwerpunkt zu weit oben ist Ausdruck eines immer um seine Position besorgten, d. h. ohne Grundvertrauen lebenden und daher für die Angst anfälligen Ichs" (ebd., 79).

Die Begegnung mit Dürckheim ist für viele Ordensleute zu einer Herausforderung geworden, sich täglich einzuüben in die Präsenz und Transparenz für Gott. Die Liturgie mit ihren vielen Gebärden, dem bewußten Stehen und Sitzen, mit ihren Prozessionen und Gebetshaltungen, könnte ein Weg der Verwandlung sein. Das bewußte Schreiten nach einer Liturgie im Kreuzganz, das Sitzen in der Meditation, all das wären Übungswege, um durchlässig zu werden für den Christus, der in uns wohnt und den wir in dieser Welt durch unser ganzes Sein und gerade durch unsern Leib bezeugen sollen. Die Initiatische Therapie macht auch dafür – umgekehrt – sensibel, daß wir immer wieder herausfallen aus der Beziehung zu Gott. Und sie schickt uns Tag für Tag auf den Weg, durch unser beständiges Üben durchlässig zu werden für den Gott, der schon in uns ist und der uns braucht, um in dieser Welt erfahrbar zu werden und in Erscheinung zu treten.

## Abraham Maslow

Abraham Maslow, der Motivationspsychologe und einer der Väter der transpersonalen Psychologie, beschreibt weniger den Weg zur Reife, sondern formuliert Kriterien, die erkennen lassen, ob jemand reif geworden ist. Er nennt folgende Kennzeichen eines reifen Menschen: „Gute Realitätserfassung und angepaßter Realitätsbezug. Das Akzeptieren seiner selbst und anderer. Spontaneität (Ungekünsteltheit, Unkonventionalität). Problemzentriert – nicht egozentriert. Gelassenheit. Bedürfnis nach Intimsphäre. Autonomie. Urteils- und Kritikfähigkeit. Erfahrung mit dem Metaphysischen. Gemeinschaftsgefühl. Mitmenschliche Beziehungen. Demokratische Haltung. Unterscheidungsfähigkeit und Sicherheit im sittlichen Urteil. Sinn für Humor. Produktivität. Widerstand gegenüber Kulturlosigkeit. Das Wissen um das Unfertigsein des Menschen" (Lenzeder, 27). Es sind ähnliche Kriterien, wie sie schon Alfred Adler und C. G. Jung aufgestellt haben. Es wäre für Ordensleute sicher interessant, bei sich selbst nachzusprüen, wie weit sie diesen Kriterien entsprechen.

Maslow versteht unter Reife den sich selbst verwirklichenden Menschen. „Zur Definition des sich selbst verwirklichenden Menschen gehört, daß seine Grundbedürfnisse befriedigt sind. Er hat ein Gefühl der Zugehörigkeit und Verwurzelung, sein Bedürfnis nach Liebe ist befriedigt, er hat Freunde und fühlt sich geliebt und liebenswert, er besitzt einen Status und einen Platz im Leben und wird von anderen geachtet, sein Selbstwertgefühl und seine Selbstachtung sind ausreichend ausgebildet" (Maslow, 143). Zur Reife gehört aber nach Maslow auch, daß der Mensch seine Metabedürfnisse verwirklicht, sein Bedürfnis nach Gotteserfahrung, nach Bewußtseinserweiterung. Reife Menschen zeichnen sich für Maslow dadurch aus, daß sie nicht mehr an die eigenen Bedürfnisse verhaftet, sondern eher vom Wunsch motiviert sind, andern zu nützen und zu dienen. Folgende weitere Kennzeichen charakterisieren nach Maslow den reifen Menschen: „Das Bewußtsein der Eigenverantwortung für die eigene Erfahrung und das eigene Wohlergehen; oder mehr Sensibilität gegenüber anderen, erkennbar an mehr Liebe, Mitgefühl und Großzügigkeit; ein tiefes Empfinden für das Mysterium des Lebens, das sich in Staunen, Ehrfurcht, Dankbarkeit und ökologischem Gespür niederschlägt; und nicht zuletzt die rückhaltlose Teilnahme am Leben, in dem man sich allen Freuden und allem Kummer des menschlichen Daseins ganz öffnet" (ebd., 139).

Die zitierten Kriterien, die Maslow für die Reife eines Menschen für entscheidend erachtet, sind eine wichtige Herausforderung auch für Ordensleute. Die Frage stellt sich demnach, ob sie einen Sinn für Kultur, ein Gespür für die Schöpfung und ihre Erhaltung haben. Nicht selten hinken Ordensleute der ökologischen Bewegung und Mitverantwortung hinterher. Sie zeichnen sich nicht gerade dadurch aus, besonders aufmerksam, sensibel und engagiert für die Schöpfung und Umwelt zu sein. Sie mögen zudem ihr Gewissen befragen, wie weit sie produktiv sind, offen und engagiert für zeitgemäße Ideen, in welchem Maße für sie überhaupt Lebendigkeit und Kreativität eine Rolle spielen. Bei den Wüstenvätern oder den russischen Starzen spürt man, daß sie rückhaltlos am Leben teilnehmen, daß sie „sich allen Freuden und allem Kummer des menschlichen Daseins" öffnen.

Die Frage stellt sich nach Maslow, ob die Menschen, die zu uns kommen oder denen wir begegnen, bei uns diese rückhaltlose Teilnahme und das Mitgefühl für ihr konkretes Leben spüren. Manche Ordensgemeinschaften leben – um ihrer selbst willen – so abgeschottet und steril, daß man da nichts von rückhaltloser Teilnahme am Leben spürt. Eine reife Gemeinschaft zeichnet sich durch Sensibilität für die Menschen und durch Mitgefühl mit ihren Ängsten und Nöten aus. Die Reife einer Gemeinschaft zeigt sich also auch an ihrer Wirkung nach außen. Gäste, die in ein Kloster kommen, registrieren meist sehr genau, ob die Gemeinschaft lebendig, dem Leben zugewandt ist oder nicht, ob sie sich dem Leben – „draußen", vor ihrer Tür – öffnet und an den Freuden und Schmerzen der Menschen teilnimmt, oder ob sie nur um sich selbst kreist.

## Roberto Assagioli

Assagioli, der Begründer der Psychosynthese, betrachtet die Reife des Menschen unter dem Aspekt der Entfaltung des spirituellen Selbst. Der Mensch muß sich zuerst einmal selbst erkennen, das Unbewußte erforschen und dann lernen, gut mit seinen Gedanken und Gefühlen umzugehen. Es gilt jedoch sodann, über die eigenen Gedanken und Gefühle, die Leidenschaften und Bedürfnisse hinauszugehen, um zum spirituellen Selbst zu gelangen, zum vereinigenden Zentrum der Persönlichkeit.

Der Weg dahin ist die Dis-Identifikation, durch die ich mich von meinen Leidenschaften und Problemen distanziere und das eigentliche Selbst entdecke. Der Pfad zu diesem spirituellen Selbst geht (1) über die Verwandlung meiner unbewußten Kräfte, (2) die Entwicklung der verschiedenen psychischen Energien und Funktionen und (3) die Zentrierung dieser Energien um das spirituelle Selbst.

Für Assagioli gehört zum Reifwerden von vornherein auch das Ernstnehmen der spirituellen Dimension, die Beziehung zu Gott und die Entfaltung unserer eigentlichen Berufung von Gott her. James Bugental ergänzt: Das Ziel der Selbstverwirklichung sei, die innere Heimat in sich zu entdecken. „Unsere Heimat liegt innen, und dort sind wir souverän. Solange wir diese uralte Wahrheit nicht neu entdecken, und zwar jeder für sich und auf seine Weise, sind wir dazu verdammt, umherzuirren und Trost dort zu suchen, wo es keinen gibt – in der Außenwelt" (Bugental, 217). Wer diese innere Heimat in sich entdeckt, wird bald ein Gefühl der Demut in sich spüren und einer tiefen Gottesahnung begegnen. Gott bringt ihn in Berührung mit dem unvorstellbaren Potential, das in ihm liegt. Gott selbst führt ihn letztlich zu der Gestalt, die in ihm angelegt ist.

Gott in sich Raum zu geben ist somit für die trans-personale Psychologie der Weg zur Reife. Von daher eignet sich das Modell der transpersonalen Psychologie wohl am besten, um die menschliche Reife im Ordensleben zu beschreiben und zu beurteilen. Entscheidend ist, daß die transpersonale Psychologie die traditionelle (personale) Psychologie nicht überspringt, sondern zugrunde legt und weiterführt. Daher müssen auch die emotionalen Bedürfnisse ernstgenommen werden, die zur Reifung des Menschen gehören. Aber wir dürfen nicht bei ihnen stehen bleiben. Ob wir im Orden wahrhaft reif geworden sind, zeigt sich auch darin, inwieweit die Beziehung zu Gott die Realität unseres Alltags, unserer Gefühle, unseres Leibes, unserer Arbeit und unserer Beziehungen durchdringt. Die Offenheit für Gott muß durch *alle* Lebensbereiche durchscheinen. Die eigentliche Verankerung hat ihren Ort bei Gott, dann können wir gelassen wahrnehmen, was ist, und leidenschaftlich an der neuen Welt arbeiten, wie sie Gott uns verheißen hat.

## Reife der Frau – Reife des Mannes

Wenn wir die Beschreibung Maslows und Assagiolis auf die Reife im Ordensleben beziehen, könnten wir in etwa sagen: Reif sind Ordensleute, wenn sie sich der Realität der Welt und der eigenen Gemeinschaft stellen, wenn sie fähig sind, sich auf die Gemeinschaft einzulassen, wenn sie sich selbst annehmen und gerne leben, Lust am Leben empfinden. Zur Reife von Ordensleuten gehört, daß sie beziehungsfähig sind, und zwar so, daß sie nicht nur funktionale Beziehungen kennen und zulassen, sondern auch freundschaftliche Beziehungen, in denen sie

Intimität, Nähe, Vertrautheit, Zärtlichkeit erfahren. Dazu gehört auch die menschliche Sexualität, die Ordensleute ja nicht einfach an der Klosterpforte abgeben können. Die Integration der Sexualität in alle Lebensbereiche hinein gehört zu einem reifen Ordensmann und einer reifen Ordensfrau. Sie zeigt sich in der Fähigkeit, genießen zu können, achtsam und behutsam mit den Dingen umzugehen, bewußt im Leib zu sein, kreativ, engagiert und fruchtbar zu sein in seinen Ideen und in der Arbeit. Ja, ein Zeichen der Reife ist auch die Produktivität, d. h. die Fähigkeit, effektiv und kreativ zu arbeiten, etwas zu gestalten, zu organisieren, neu zu schaffen.

Und – zur Reife gehört die religiöse Dimension, eine gereifte männliche bzw. weibliche Spiritualität, sowie das Bewußtsein für Gottes Gegenwart in allen Dingen. Reif ist, wer sich in Berührung erfährt mit seiner Sehnsucht nach Gott und wer über sich hinaushört auf das Geheimnis Gottes in allen Menschen und Dingen. Kennzeichen für den religiös gereiften Menschen sind Gelassenheit, Toleranz, innerer Friede, das Durchlässigsein für und Zeuge sein von Gottes Liebe und Barmherzigkeit.

Schauen wir noch einmal zurück auf die bisherigen Betrachtungen, so ergibt sich auch dies: Ein einheitliches Bild menschlicher Reife haben wir nicht gefunden. Reife ist zudem abhängig vom Lebensalter und vom Geschlecht. Ein Ordenschrist wird sich als gereift erfahren können, wenn er die Entwicklungsschritte gegangen ist, die für sein Alter, seine Lebensphase charakteristisch sind. Er muß mit etwa 30 Jahren fähig sein zu kämpfen, sich Konflikten zu stellen, Verantwortung zu übernehmen. Mit 45 oder 50 sollte er bereit sein, die Aufgaben der Lebensmitte zu sehen und anzunehmen, d. h. beispielsweise, sich und seine Arbeit mehr und mehr loszulassen, dem eifernden Biß die Gelassenheit zur Seite zu stellen, sich mehr nach innen zu wenden und dem inneren Wachstumsprozeß zu überlassen, der ihn ins Alter führt. Im Alter zeigt sich Reife in der Gelassenheit, im Ausgesöhntsein mit sich und seinem Leben, gerade auch mit der eigenen Unfertigkeit und mit dem Scheitern, schließlich in der Bereitschaft, zu sterben und sich in Gott hinein loszulassen. Das milde Herbstlicht ist wohl ein schönes Bild für einen reifgewordenen alten Menschen, der mit einem milden Blick auf sein Leben, auf die Höhen und Tiefen, die Licht- und die Schattenseiten sieht und der genauso milde seinen Mitmenschen gegenüber ist.

### *Die Ordensfrau*

Die Reife einer Ordensfrau sieht anders aus als die eines Ordensmannes. Von den charakteristischen Merkmalen des Weiblichen – aufnehmen, begleiten, spüren und hören, ausgestattet mit Phantasie und Feingefühl, eher mütterlich und sorgend, spürig für das Nichtsichtbare und Maßgebende, intuitiv und sensibel – könnte man als Kennzeichen einer gereiften Frau hervorheben: Sie hat ein gutes Verhältnis zu ihrem Leib, der sie ist. Sie kennt ihn und mag ihn, versteht seine Sprache. Sie ist fruchtbar in ihren Ideen und ihrer Arbeit, hat Phantasie, kann gestalten und formen. Sie vertraut ihrer Intuition und hat ein inneres Wissen um das Geheimnis des Menschen. Sie läßt sich nicht von schönklingenden Argumenten hinters Licht führen. Sie spürt, was im Menschen ist, kann Anteil nehmen und die Wahrheit benennen, ohne zu verletzen. Denn sie hat ein Gespür für das, was noch wachsen kann in jedem Menschen. Sie weiß um ihre von innen kommende Stärke, kann etwas durchtragen und durchstehen, kann geduldig zuwarten, bis sich das „Kind“ entwickelt, bis im Menschen etwas wächst. Sie lebt ihr Frausein, wenn sie anderen Mutter oder Schwester ist, wenn sie ihre Gefühle zuläßt, ohne von ihnen beherrscht zu werden. Sie integriert ihre Sexualität in die Lebendigkeit und Emotionalität ihrer Beziehung zu Gott, zu den Menschen und ihrer Arbeit. Sie schafft für andere Heimat und Geborgenheit, sie vermittelt das Gefühl, wichtig und geachtet zu sein. Sie hat Zeit für den einzelnen, für das Konkrete, für das Gespräch. Sie erspürt im Gespräch das Wesentliche, ist jeder Übertreibung und Einseitigkeit gegenüber skeptisch.

Eine Ordensfrau hat zur menschlichen Reife gefunden, wenn sie einen aufrechten Selbststand lebt, wenn sie sich abgrenzen und sich hingeben kann, wenn sie fähig ist, Entscheidungen zu treffen und Verantwortung zu übernehmen, sich für die Ziele des Ordens wie für persönliche Ziele energievoll einzusetzen. Sie hat einen Sinn für die Ganzheitlichkeit des Menschen. Reife Frauen sind gute Beichtmütter, so sagt C. G. Jung. Sie können gut zuhören, und sie erfassen schnell das eigentliche Problem. Sie sind ideale Begleiterinnen, die die „Neugeburt eines Menschen" mit ihrer Einfühlung unterstützen. Um das Wesentliche zu leben, kann die reife Ordensfrau loslassen und verzichten. Doch sie kann auch genießen und sich Zeit nehmen für das, was sie leben läßt. Schon das Alte Testament beschreibt im Buch der Sprüche (31, 10–31) in einem Loblied die reife Frau. Im Rahmen ihrer damaligen Lebensmöglichkeiten wird ihre umfassende Kompetenz besungen: Beziehungsfähigkeit (V. 11), Weitblick (V. 14), Umgang mit Geld und Wirtschaftsgütern (V. 16), Stärke und Effektivität (V. 17), Selbstvertrauen (V. 18), aktive Zuwendung zu den Bedürftigen („compassio", V. 20), kluge Rede (V. 26), Achtsamkeit (V. 27) und Glaubensstärke (V. 30).

*Der Ordensmann*

Die charakteristischen Merkmale des Männlichen – planen, durchführen, entscheiden, verteidigen, mehr väterlich schützend, eher weltlich formend und gestaltend tätig – weisen auf ähnliche, aber auch spezifische

Reifungszeichen hin. Männliche Reife zeigt sich in produktiver Phantasie und Durchsetzungskraft, im Werk und der Arbeit nach außen. Sie ist zu spüren in einer kraftvollen Ausstrahlung, wenn der Mann klar, aufrichtig und konsequent sein kann, bereit, sich Konflikten zu stellen und Verantwortung für sich und andere zu übernehmen. Er weiß mit seiner Fähigkeit, für andere Vater zu sein, respektvoll und behutsam umzugehen. In seiner Nähe finden Menschen den Mut, ihr Leben zu wagen und Entscheidungen für ihre Zukunft zu fällen. Der reife Mann zeichnet sich aus durch Sachlichkeit. Er packt zu, wo es notwendig ist. Und er findet die Lösungen, auf die es gerade im Augenblick ankommt. Er hat eine klare Beziehung zu seinen Gefühlen und kann sie angemessen ausdrücken. Er bringt Ordnung in ein emotinonales Wirrwar und kann im Konfliktfall Person und Sache auseinanderhalten. Auf den reifen Mann kann man sich verlassen. Er kann wie ein Baum sein, an den man sich anlehnen kann, in dessen Schatten man sich gerne versammelt und in dessen Zweigen sich Leben regt (vgl. Mt 13,31 f).

# 2

# Menschliche Reifung im Ordensleben

Der Weg zur Reife, wie sie verschiedene psychologische Schulen beschreiben, ist so vielfältig wie deren – je nach Aspekt und Blickrichtung – unterschiedliche Konzepte. Im folgenden soll nun der Reifungsweg beschrieben werden, wie er im Mönchtum gesehen worden ist. Im frühen Mönchtum geht der Prozeß der Reifung über den Weg wachsender Gottesbegegung und wachsender Selbstbegegnung. Er vollzieht sich in der Verwandlung aller menschlichen Bereiche durch den Geist Gottes, damit auf allen Ebenen des Menschen das Bild sichtbar wird, das Gott sich von jedem einzelnen gemacht hat, damit der ganze Mensch mit seinem Bewußten und Unbewußten, mit Leib und Seele, einmaliger Ausdruck des Göttlichen wird. Es geht dabei um fünf Bereiche, die zu durchschreiten sind, um zu Gott zu gelangen und zu seinem eigenen Selbst zu finden: (1) Gedanken und Gefühle, (2) der Leib, (3) die Träume, (4) die Beziehung zu den Mitmenschen und (5) die Arbeit. Diese Bereiche werden auch in den verschiedenen psychologischen Konzepten angesprochen, etwa bei Maslow, der – wie wir sahen – das Akzeptieren seiner selbst, Gemeinschaftsfähigkeit und Produktivität als Zeichen der Reife sieht.

## Sichtweisen der Ordensgründer und -gründerinnen

Benedikt von Nursia (um 480 – ca. 547) kennt in seiner Regel drei Kriterien menschlicher Reife im Ordensleben, wenn er dem Novizenmeister nahelegt, sorgfältig darauf zu achten, ob der junge Mönch wahrhaft Gott sucht, ob Gott wirklich das tiefste Motiv seines Klostereintritts ist. Das sei an drei Dingen erkennbar: (1) ob er Eifer hat für den Gottesdienst, (2) ob er fähig ist, sich auf die Gemeinschaft einzulassen (Gehorsam), und (3) ob er bereit ist, sich in der Arbeit fordern zu lassen (obprobria). Psychologisch ausgedrückt, finden wir hier drei Grundkriterien eines reifen Menschen: (1) die Emotionsfähigkeit (sie klingt im Eifer für den Gottesdienst mit), (2) die Beziehungsfähigkeit (Ge-horsam im Sinne des Horchens und somit der Fähigkeit zu wirklicher Beziehung) und (3) die Leistungsfähigkeit (Benedikt hat hier die Bereitschaft zu harter und fleißiger Arbeit im Auge).

Beide Modelle sollen uns im folgenden begleiten: ersteres als der Weg der Reifung über die fünf Bereiche (Gedanken und Gefühle, Leib, Traum, Beziehung und Arbeit) und das zweite mit seinen drei Kriterien menschlicher Reife (Emotionsfähigkeit, Beziehungsfähigkeit und Leistungsfähigkeit).

Man könnte bei jedem Ordensgründer ein eigenes Menschenbild und Konzept menschlicher Reife entdecken.

Für *Augustinus* (354–430) besteht der Reifungsweg in einem Weg wachsender Liebe und wachsender Fähigkeit, sich selbst anzunehmen. Augustinus betont die Würde des Menschen, der von Gott gewürdigt worden sei, Wohnstatt seines Sohnes zu werden. Und er singt das Lob der Freundschaft. Augustinus war ein zutiefst liebender Mensch, der die Freundschaft von Menschen brauchte, um leben zu können. „Ohne Freund kommt einem nichts freundlich vor", so sagt er einmal.

*Dominikus* (um 1170–1221) ist seinem inneren Weg treu geblieben, nach der Wahrheit zu suchen und sich am Wort Gottes zu orientieren. Weder die Verblendung seiner Zeitgenossen (Irrlehrer, Albigenser) noch die feudale Stellung und herablassende Art des Klerus haben ihn von diesem Weg abbringen können. Die Absage der römischen Kurie, eine neue Ordensregel zu schreiben, hat ihn weder aus der Kirche austreten lassen, noch davon abgehalten, einen neuen Orden, einen total anderen Orden mit Wanderpredigern und demokratischen Strukturen zu gründen. Er scheute nicht die Auseinandersetzung mit den Menschen, und zwar direkt, von Angesicht zu Angesicht, statt sich auf gesicherten Posten zu begeben und von der Kanzel zu predigen, denn Dominikus hatte – frei von Angst – in sich selbst Stand. Er war sich zudem bewußt, daß er als Mensch auf Gottes Barmherzigkeit angewiesen ist, hat sich ihr ausgesetzt und sie an sich erfahren. Aus dieser Erfahrung heraus ist er anderen barmherzig begegnet.

Gemäß Franz von Assisi (1181/82–1226) wäre der Weg der Freiheit, der Freude und materiellen Unabhängigkeit als Reifungsweg zu bedenken.

*Ignatius von Loyola* (1491–1556) hat die Unterscheidung der Geister als Weg zu einem reifen Gewissen beschrieben, das spürt, was Gott vom einzelnen will. Er hat wie kaum ein anderer den Wert der Individualität betont. Gott spricht zu jedem einzelnen, und es kommt darauf an, die inneren Impulse wahrzunehmen, die mir den Weg zeigen, auf dem ich ganz ich selbst werden und das Bild verwirklichen kann, das Gott sich von mir gemacht hat.

*Mary Ward* (1585–1645) übertrug diesen Sinn für die Einmaligkeit jedes einzelnen auf die Frauen. Sie hielt ihr Gespür für den Weg menschlichen und spirituellen Reifens gegen die Gewalt bornierter Kirchenmänner durch. Sie hat trotz Widerstand, Verleumdung und Exkommunikation ihrem eigenen Gespür getraut und sich auch nicht durch die Meinung des Papstes davon abbringen lassen, den Willen Gottes zu tun.

Bei all diesen Ordensgründern und -gründerinnen können wir Reifungswege entdecken, die auch heute für uns gangbar wären. Diese Frauen und Männer sind nicht nur selbst den Weg der Reife gegangen, sie haben vielmehr auch in ihren Regeln und Schriften Wege gewiesen, wie ihre Zeitgenossen und künftige Generationen ihren je eigenen Weg zur Reife und zum „Vollalter Jesu Christi" gehen können.

## Das Märchen von den Drei Sprachen

Ein schönes Bild menschlicher Reife zeichnet das Märchen von den Drei Sprachen. Ich möchte es hier erzählen, weil es im Bild des Papstes menschliche und spirituelle Reife zusammensieht.

In der Schweiz lebte einmal ein alter Graf, der hatte nur einen einzigen Sohn, aber er war dumm und konnte nichts lernen. Da sprach der Vater: „Höre, mein Sohn, ich bringe nichts in deinen Kopf, ich mag es anfangen, wie ich will. Du mußt fort von hier, ich will dich einem berühmten Meister übergeben, der soll es mit dir versuchen."

Der Junge ward in eine fremde Stadt geschickt und blieb bei dem Meister ein ganzes Jahr. Nach Verlauf dieser Zeit kam er wieder heim, und der Vater fragte: „Nun, mein Sohn, was hast du gelernt?" – „Vater, ich habe gelernt, was die Hunde bellen", antwortete er. „Daß Gott erbarm!" rief der Vater aus, „ist das alles, was du gelernt hast? Ich will dich in eine andere Stadt zu einem andern Meister tun."

Der Junge ward hingebracht und blieb bei diesem Meister auch ein Jahr. Als er zurückkam, fragte der Vater wiederum: „Mein Sohn, was hast du gelernt?" Er antwortete: „Vater, ich habe gelernt, was die Vögli sprechen." Da geriet der Vater in Zorn und sprach: „O, du verlorner Mensch, hast die kostbare Zeit hingebracht und nichts gelernt und schämst dich nicht, mir unter die Augen zu treten? Ich will dich zu einem dritten Meister schicken, aber lernst du auch diesmal nichts, so will ich dein Vater nicht mehr sein."

Der Sohn blieb bei dem dritten Meister ebenfalls ein ganzes Jahr, und als er wieder nach Haus kam und der Vater fragte: „Mein Sohn, was hast du gelernt?" so antwortete er: „Lieber Vater, ich habe dieses Jahr gelernt, was die Frösche quaken." Da geriet der Vater in den höchsten Zorn, sprang auf, rief seine Leute herbei und sprach: „Dieser Mensch ist mein Sohn nicht mehr, ich stoße ihn aus und gebiete euch, daß ihr ihn hinaus in den Wald führt und ihm das Leben nehmt." Sie führten ihn hinaus, aber als sie ihn töten sollten, konnten sie es nicht vor Mitleiden und ließen ihn gehen. Sie schnitten einem Reh Augen und Zunge aus, damit sie dem Alten die Wahrzeichen bringen konnten.

Der Jüngling wanderte fort und kam nach einiger Zeit zu einer Burg, wo er um Nachtherberge bat. „Ja", sagte der Burgherr, „wenn du da unten in dem alten Turm übernachten willst, so gehe hin, aber ich warne dich, es ist lebensgefährlich; denn er ist voll wilder Hunde, die bellen und heulen in einem fort, und zu gewissen Stunden müssen sie einen Menschen ausgeliefert haben, den sie auch gleich verzehren." Die ganze Gegend war darüber in Trauer und Leid, und konnte doch niemand helfen. Der Jüngling aber war ohne Furcht und sprach: „Laßt mich nur hinab zu den bellenden Hunden und gebt mir etwas, das ich ihnen vorwerfen kann; mir sollen sie nichts tun." Weil er nun selber nicht anders wollte, so gaben sie ihm etwas Essen für die wilden

Tiere und brachten ihn hinab zu dem Turm. Als er hineintrat, bellten ihn die Hunde nicht an, wedelten mit den Schwänzen ganz freundlich um ihn herum, fraßen, was er ihnen hinsetzte, und krümmten ihm kein Härchen.

Am andern Morgen kam er zu jedermanns Erstaunen gesund und unversehrt wieder zum Vorschein und sagte zu dem Burgherrn: „Die Hunde haben mir in ihrer Sprache offenbart, warum sie da hausen und dem Lande Schaden bringen. Sie sind verwünscht und müssen einen großen Schatz hüten, der unten im Turme liegt, und kommen nicht eher zur Ruhe, als bis er gehoben ist, und wie dies geschehen muß, das habe ich ebenfalls aus ihren Reden vernommen.“ Da freuten sich alle, die das hörten, und der Burgherr sagte, er wollte ihn an Sohnes Statt annehmen, wenn er es glücklich vollbrächte. Er stieg wieder hinab, und weil er wußte, was er zu tun hatte, so vollführte er es und brachte eine mit Gold gefüllte Truhe herauf. Das Geheul der wilden Hunde ward von nun an nicht mehr gehört; sie waren verschwunden, und das Land war von der Plage befreit.

Über eine Zeit kam es ihm in den Sinn, er wollte nach Rom fahren. Auf dem Weg kam er an einem Sumpf vorbei, in welchem Frösche saßen und quakten. Er horchte auf, und als er vernahm, was sie sprachen, ward er ganz nachdenklich und traurig. Endlich langte er in Rom an; da war gerade der Papst gestorben und unter den Kardinälen großer Zweifel, wen sie zum Nachfolger bestimmen sollten. Sie wurden zuletzt einig, derjenige sollte zum Papst erwählt werden, an dem sich ein göttliches Wunderzeichen offenbaren würde. Und als das eben beschlossen war, in demselben Augenblick trat der junge Graf in die Kirche, und plötzlich flogen zwei schneeweiße Tauben auf seine beiden Schultern und blieben da sitzen. Die Geistlichkeit erkannte darin das Zeichen Gottes und fragte ihn auf der Stelle, ob er Papst werden wolle. Er war unschlüssig und wußte nicht, ob er dessen würdig wäre, aber die Tauben redeten ihm zu, daß er es tun möchte, und endlich sagte er: „Ja." Da wurde er gesalbt und geweiht, und damit war eingetroffen, was er von den Fröschen unterwegs gehört, und was ihn so bestürzt gemacht hatte, daß er der heilige Papst werden sollte. Darauf mußte er eine Messe singen und wußte kein Wort davon, aber die zwei Tauben saßen stets auf seinen Schultern und sagten ihm alles ins Ohr.

Ja, das Märchen schildert auch, was den Weg des Reifens für Ordensleute ausmacht. Zunächst müssen sie sich von den Erwartungen des Vaters lösen. Der Sohn des Grafen lernt nicht das, was der Vater will, sondern was er selbst spürt. Er geht zu drei verschiedenen Meistern, die der Vater ausgewählt hat, die aber scheinbar nicht das lehren, was der Vater zu lernen für entscheidend hält. Fremde Meister in fremden Städten führen ihn ein in das Geheimnis des Lebens. Der Sohn muß sich völlig vom Vater lösen. Dies ist wie Tod und Neugeburt des Sohnes. Da er gewaltsam vom Vater verstoßen wird, macht er sich auf den Weg und geht seinen eigenen Weg ins Leben.

Die erste Bedingung menschlicher Reife im Orden ist der Auszug von daheim. In dieser Hinsicht haben die Orden sicher bisher vielen geholfen, frei zu werden von den Erwartungen der Eltern. Die Frage stellt sich allerdings, ob sie nicht die Erwartungen der Eltern mit den Erwartungen des Klosters vertauscht haben. Dann kann keine Reife wachsen. Heute treffen wir auf ein anderes bedenkliches Problem: Junge Männer und Frauen treten in Orden ein, ohne die Ablösung von daheim vollzogen zu haben. Wenn sie dann durch ihr Leben in einem Orden vom elterlichen Daheim frei geworden sind und zu sich selbst gefunden haben, verlassen sie die Ordensgemeinschaft und gehen ihren Weg.

Die Orden müßten in analoger Weise der Aufgabe der drei Meister gerecht werden, die den jungen Grafen die

Sprache der bellenden Hunde, der Frösche und der Vögel lehrten. Demnach gäbe es in den Orden „Meister" bzw. „Meisterinnen", die die Eintretenden anleiten, die Sprache Gottes im eigenen Herzen zu entdecken. Mit andern Worten: Statt auf die neuen Erwartungen der Ordensgemeinschaft oder auf die vertrauten der Eltern zu hören, sollte es darum gehen, Gott im eigenen Inneren zu vernehmen, den inneren Meister in sich zu entdecken, der sie zu ihrer eigenen Mitte führt und davon befreit, nur nach äußeren Meistern Ausschau zu halten. So erfüllten die Orden die Funktion jener drei Meister in den fremden Städten, die den jungen Menschen befähigen, in jenen drei Sprachen Gottes Willen für sich zu vernehmen und ihm konsequent bis zur vollen menschlichen und spirituellen Reife (Bild des Papstes) zu folgen. Der Weg im Orden könnte dann jeden einzelnen zu der Gestalt führen, die Gott ihm zugedacht hat, zu dem je einmaligen, unverwechselbaren Bild Gottes. Aber – dieser Weg verläuft im Märchen und im Ordensleben nicht ohne Schmerzen. Der Schmerz des Abschieds ist wie ein Sterben der alten Identität, um die Identität zu finden, die uns von Gott her zukommt.

Was hat es mit der Sprache der im Märchen genannten Kreaturen auf sich? Die Sprache der bellenden Hunde bezeichnet die Sprache der Leidenschaften, die Stimme der Probleme, der Krankheiten, der Konflikte, des Unerlöstseins. Die Sprache der Frösche symbolisiert die Stimme des Unbewußten, die Botschaft der Träume. Und die Sprache der Vögel bezeichnet das Wissen, die Weisheit des Geistes. Aber man kann diese Sprache des Geistes offenbar nicht erlernen, ohne die beiden anderen zu kennen.

Die Sprache der bellenden Hunde führt den jungen Mann zum Schatz, zu seinem wahren Selbst, zu dem Bild, das Gott von ihm entworfen hat, das aber unter dem nur weltlichen Bild und der konventionellen Erwartung des Vaters verschüttet war. Die bellenden

Hunde werden für den jungen Mann zu hilfreichen Begleitern, sind sie doch so lange nicht still, bis er verstanden hat, welchen Schatz sie hüten. Ihre Stimme ist gerade deshalb so laut, weil er bisher an seinem Wesen vorbeigelebt hat. Und gerade dort, wo sie bellen – unten im Turm des (noch) dunklen Unbewußten –, liegt der Schatz seines wahren Selbst begraben.

Die Sprache der Frösche verheißt ihm, was kommen wird. Sie bezeichnen die inneren Ahnungen, die uns manchmal überkommen. Und sie symbolisieren die Träume, die uns einen Weg in unsere Zukunft weisen. Oft scheint diese scheinbar sinnlose Sprache der Frösche keinen Zusammenhang zu haben mit unserem konkreten Leben. Aber auf einmal wird wahr, was sie uns bildlich oder gefühlsmäßig angesagt hat.

Und die Sprache der Vögel führt den Sohn des Grafen zu seinem Ziel, das er sich nicht selbst erwählt hat, sondern das ihm – ihrer Stimme folgend – zugedacht wird. Die Vögel auf seinen Schultern signalisieren das Wunder, das die Kardinäle erwarten. Sie drängen den jungen Mann, das ihn scheinbar überfordernde Amt anzunehmen. Papst ist hier kein hierarchischer Begriff, sondern ein Bild des geistlichen Führers, des Menschen, der so durch und durch spirituell geworden ist, daß er andere begleiten kann. Ähnlich ist ja auch die Gestalt des Königs in vielen Märchen kein politischer Begriff, sondern ein Bild menschlicher Ganzwerdung. Insofern mag das Bild des Papstes ein Symbol für den Ordensmann oder die Ordensfrau sein, die in reifer Gestalt geistlich leben und andere auf einem spirituellen Weg begleiten können.

Die Botschaft des Märchens enthält somit auch dies: Wir werden nur dann zu wahrhaft geistlichen Menschen, wenn wir zuvor gleichsam die Sprache der bellenden Hunde und der quakenden Frösche erlernen und uns von allen Vaterfiguren und -botschaften lösen, um uns auf den eigenen Weg zu machen. Im folgenden werden wir die verschiedenen (dunklen) Bereiche beschreiben, in denen die bellenden Hunde warten, um uns zum verborgenen Schatz zu führen.

## Umgang mit Gefühlen und Bedürfnissen

Es geht zunächst um den reifen Umgang mit meinen Gefühlen und Leidenschaften. Gott spricht zu mir auch durch meine Gefühle. Ich darf sie nicht abwerten und ignorieren. Sie haben alle einen Sinn. Die Frage ist nur, welche Botschaft sie mit sich führen und wohin sie mich verwandeln wollen. Das Ziel ist immer das Bild Gottes in mir. Leidenschaftliche Gefühle können wir als bellende Hunde verstehen, die mich zum Schatz in meinem Turm führen wollen. Dort, wo es in mir bellt, dort liegt auch ein Schatz bereit. Um ganzheitlich zu reifen, muß ich also erst einmal die Sprache der bellenden Hunde verstehen lernen.

### *Die Stimmen meiner bellenden Hunde*

Religiöse, spirituell Lebende erliegen leicht der Gefahr zu meinen, es ginge einzig darum, die Sprache Gottes in der Heiligen Schrift, im Sakrament und Gebet zu erlernen. Daher sind wir meistens nicht sehr bewandert in der Sprache der bellenden Hunde. Aber Gott spricht gerade durch die bellenden Hunde in mir. Da weist er mich auf meine eigene individuelle Wirklichkeit hin. Und ich werde zu Gott nicht kommen, wenn ich meine Wirklichkeit überspringe. Die Amerikaner sprechen in diesem Zusammenhang von „spiritual bypassing", von spiritueller Abkürzung. Sie verstehen darunter, daß jemand durch Meditation oder andere religiöse Praktiken die Realität seiner Gedanken und Gefühle überspringt und glaubt, an sich selbst vorbei zu Gott kommen zu können. Die frühen Mönche weisen uns immer wieder darauf hin, daß der Weg zu Gott über die ehrliche Selbstbegegnung führt. Die Begegnung mit Gott meint keineswegs nur das Ziel, mit Ihm eins zu werden und in Ihm zu ruhen, sondern beinhaltet auch, als Mensch-unterwegs durch Gott verwandelt zu werden. Verwandelt werden aber kann nur, was ich Ihm hinhalte.

Für viele ältere Ordensleute sah die Erziehung im Noviziat anders aus, als es die frühen Mönche angestrebt haben. Da wurde oft die Wirklichkeit unserer Gefühle, Bedürfnisse und Leidenschaften übersprungen. Das führte dazu, diese Bereiche zu verdrängen, zu ignorieren. Was verdrängt wird, ist aber nicht einfach ausgelöscht, sondern wirkt im Menschen verborgen weiter, und zwar meistens auf destruktive Weise. Wenn ich meine Empfindungen und Bedürfnisse verdränge, ihnen keinen öffentlichen Raum gebe, dann drängen sie danach, heimlich gelebt zu werden, sie bekommen eine eigene, oft unkontrollierbare Dynamik und bringen es sogar so weit, mich völlig und unwiderstehlich zu beherrschen. Wenn ich beispielsweise meine Wut nicht wahrhaben will und ihr die Stimme verbiete, wird sie sich durch Hintertüren in alle meine Lebensäußerungen einschleichen. Wenn offene, faire Konflikte und jede Streitkultur tabu sind, kann das dazu führen, daß gerade deshalb in einem Kloster eine aggressive Atmosphäre vorherrscht.

Die frühen Mönche leiten dazu an, unsere Bedürfnisse und Leidenschaften ehrlich und ohne sie zu werten anzuschauen. Nur was wir ehrlich zulassen und anschauen, kann Gott verwandeln. Unverwandelte Ordensmänner und -frauen erkennen wir daran, daß nicht sie Herr oder Frau ihrer Bedürfnisse sind, sondern umgekehrt von ihnen beherrscht werden, besonders aggressiv und empfindlich sind, unzufrieden mit sich selbst und mit vielem um sie herum. Sie verlieren den Blick dafür, was sie positiv beeinflussen und verwandeln könnten. Weil sie dafür keine Phantasie und Energie in sich entwickelt haben, bleiben sie im Teufelskreis der Opferrolle stecken. Da sie alle Energie nur für sich selbst verbrauchen – Unzufriedenheit verschlingt immens viel Lebensenergie –, haben sie keine Kraft mehr für eine Produktivität nach außen.

## *Die heimlichen Hintertüren*

Besonders kritisch steht es in Klöstern mit dem Umgang mit Bedürfnissen. Das edle Ideal vieler Gemeinschaften heißt: Bedürfnislosigkeit. Wer dieses Ideal konsequent leben will, muß seine Bedürfnisse ebenso konsequent verdrängen. Dies führt – weil auch die frömmsten Ordensleute noch Menschen sind – dazu, daß die Bedürfnisse heimlich oder indirekt, als solche nicht gleich erkennbar, gelebt werden. Man gibt sie nicht zu. Manche Köchinnen und Köche in Klöstern können ein Lied davon singen, wie viele Schwestern und Brüder gerade über die Küche ihre Bedürfnisse verdeckt ausleben, wieviele Ausnahmen da gebraucht werden, meistens unter dem Deckmantel der Gesundheit, da man sich ja nicht trauen würde, seine Bedürfnisse offen zuzugeben. Unter dem Schein asketischer Lebensführung kommen da Wünsche hoch, die unter normalen Umständen kaum gelebt werden könnten. Diese Ordensleute betrachten das Kloster als eine große, fürsorgliche Mutter, die alles geben muß. Und sie reagieren ganz empfindlich, wenn eine Bitte abgeschlagen wird.

Gleiche Erfahrungen machen Cellerare und Ökonominnen, Brüder und Schwestern, die an der Kasse das Geld ausgeben. Auch da werden Bedürfnisse nicht offen angeschaut und ausgesprochen, sondern unter dem Schein rationaler Rechtfertigung heimlich ausgelebt. Dabei haben gewöhnlich die, die am wenigsten arbeiten, am meisten Bedürfnisse. Sie brauchen mehr Geld für ihre verschiedensten Wünsche als andere. Da sie sich nicht in der Arbeit fordern lassen und in ihr Befriedigung suchen, müssen sie den Leerraum mit der Erfüllung ihrer Wünsche ausfüllen. Weil sie im Orden nie mit eigenem, selbst verdientem Geld umgegangen sind, nie (Mit-)Verantwortung für wirtschaftliche Dinge übernommen haben, gehen sie damit auf infantile Weise um. Die große Mutter muß alle Wünsche erfüllen. Oder: Das Bedürfnis nach Zuwendung wird oft genug in der Weise ausgelebt, daß man ständig zum Arzt läuft. Aber man gibt dies natürlich nicht zu, sondern versteckt sein Bedürfnis hinter seiner Krankheit. Reife im Ordensleben?

### *Die Ungenießbaren im Sinne Benedikts*

Reifer ist da der Umgang mit Bedürfnissen, wie ihn Benedikt in seiner Regel beschreibt und wie er ähnlich bei Augustinus und andern Ordensgründern zu finden ist: „Es steht geschrieben: Jedem wurde zugeteilt, was er nötig hatte. Damit sagen wir nicht, daß ein Ansehen der Person gelte – das sei fern –, aber man nehme Rücksicht auf Schwächen. Wer darum wenig braucht, danke Gott und sei nicht traurig; wer aber mehr braucht, demütige sich wegen seiner Armseligkeit und überhebe sich nicht wegen einer Vergünstigung. So werden alle Glieder im Frieden sein. Vor allem zeige sich nie das Übel des Murrens, aus keinem Grund, in keinem Wort und keiner Andeutung. Wird einer dessen schuldig befunden, so treffe ihn eine strenge Strafe" (RB, 34).

Das Ideal ist für Benedikt, daß wir wenig Bedürfnisse haben. Wer das erfüllen kann, soll dafür dankbar sein. Aber wenn er Bedürfnisse hat, soll er sie auch in aller Demut anmelden. Er soll die Bedürfnisse zugeben und nicht daraus eine Forderung machen, hinter der er seine Bedürftigkeit verstecken möchte. Der bewußte Umgang mit Bedürfnissen ist Zeichen der Reife. Ich muß sie zuerst zugeben, und dann kann ich frei entscheiden, ob ich lieber verzichte oder ob ich es mir gönne, ein Bedürfnis zu erfüllen. Beides ist wichtig. Wer nicht verzichten kann, wird nie ein starkes, reifes Ich entwickeln. Wer ein Bedürfnis verspürt, sich aber nie etwas gönnt, läuft paradoxerweise Gefahr, von seinen unterdrückten, ewig unerfüllten Bedürfnissen bestimmt zu werden. Und oft genug wird ein solcher Mensch humorlos, streng und ungenießbar, weil er auch anderen nichts gönnt. Diese Art Ungenießbaren hat Benedikt im Blick, wenn er so scharf gegen das Murren vorgeht. Murren ist Lebensverneinung. Man weigert sich, die Verantwortung für sein Leben zu übernehmen, und schiebt anderen die Schuld für die eigene Misere zu. Murrer und Nörgler können sich nicht aussöhnen mit der Realität ihres irdischen Lebens, sie vertreidigen freudlos freudlose Ideale und begegnen der Wirklichkeit, die ihren Wünschen und Illusionen nicht entspricht, ablehnend und feindselig. Murren zerfrißt die Seele, lähmt sie, macht sie krank und raubt ihr jegliche Freude.

Das Murren, das schon zu Zeiten Benedikts offensichtlich ein Problem der Klöster war, ist ein Zeichen menschlicher Unreife. Mit solcher Art unreifen Menschen eine Gemeinschaft zu bilden, ist offenbar sogar für Benedikt unmöglich. Daher will er das Murren mit allen Wurzeln ausreißen. Nur dann kann eine reife Gemeinschaft wachsen, in der einer dem andern etwas gönnt und jeder mit seinen Bedürfnissen auf reife Weise umgeht.

## *Wohin mit meiner Wut?*

Reife verlangt einen reifen Umgang mit meinem Ärger, mit meiner Wut, meiner Eifersucht, mit meinen Aggressionen. In manchen Klöstern weht ein seltsam aggressiver Wind. Es braucht nur eine Bemerkung zu fallen, und schon geht der andere hoch. Oder man spürt bei den Tischgesprächen eine latent gespannte Atmosphäre. Witze werden oft auf Kosten anderer gemacht. Man spürt förmlich, wie da Geschosse verdrängter Aggressionen hin und her gehen. Aber vom Klosterideal her dürfen offene Aggressionen ja nicht sein, und daher schaut man die eigenen „negativen" Gefühle erst gar nicht an, und – was nicht ans Licht darf, sucht und findet mit Sicherheit Hintertüren.

Latente Aggressivität kann Ausdruck und Zeichen von Frustration oder von Mangel an Liebe sein. Sie kann aber auch darin begründet liegen, daß einer noch keinen Weg gefunden hat, mit seinen Aggressionen umzugehen. Aggressionen wollen das Verhältnis von Nähe und Distanz regeln. Wenn ich Aggressionen in mir spüre, dann ist das immer ein Alarmzeichen, daß ich entweder mehr Nähe oder mehr Distanz brauche. In manchen Klostergemeinschaften sitzt man zu dicht aufeinander. Vom Gemeinschaftsideal her möchte man immer alles gemeinsam tun, was jedoch zu Überforderungen und dann zu unnötigen Aggressionen führen kann. Hier sind Aggressionen und Gereiztheit ein deutliches Zeichen dafür, daß man in der Gemeinschaft mehr Distanz braucht, um gut miteinander leben zu können.

Im Zusammenleben mit anderen Menschen werde ich – das ist nur natürlich – mit Ärger und Aggression konfrontiert. Das kann durchaus eine Chance sein, mich selbst besser kennenzulernen. Vielleicht ärgere ich mich, daß ich den andern zuviel Macht gegeben habe, daß sie mir zu nahe gekommen sind. Dann brauche ich mehr Freiraum, oder ich muß mich – zumindest zeitweilig – innerlich von den Mitbrüdern oder Mitschwestern distanzieren. Auf jeden Fall kommt es darauf an, mit meinem Ärger aktiv, bewußt umzugehen. Normalerweise enthält Ärger einen energetischen Impuls, etwas zu ändern. Ich möchte beispielsweise in der Gemeinschaft etwas Bestimmtes besser organisieren. Oder mein Ärger signalisiert mir ganz deutlich, daß ich (endlich) mit einem Mitbruder sprechen sollte, über den ich mich immer wieder ärgere, um so etwas zu klären.

Oft deckt Ärger über andere auch meine eigenen

Schattenseiten auf. Ich entdecke, was ich bei mir selbst noch nicht annehmen kann. Solcher Ärger kann eine wichtige Quelle der Selbsterkenntnis werden – und ein Impuls, bei mir oder bei andern etwas zu bewegen. Wenn ich mich oder den andern nicht zu ändern vermag, dann bin ich aber noch immer frei, zumindest meine Sichtweise und Einstellung zu korrigieren. Ärger kann mich dann zum Beispiel dazu herausfordern, mich von der Macht und dem Einfluß des andern über mich zu befreien. Ich kann mir beispielsweise sagen: „Die Ehre erweise ich dem andern nicht, daß ich ständig über ihn nachdenke. So wichtig ist er auch nicht, daß ich mich immer mit ihm beschäftigen muß. Das ist sein Problem, wenn er zu spät kommt. Mich kann er damit nicht ärgern." Der andere hat immer nur soviel Macht über mich, wie ich ihm gebe. Es ist also meine Verantwortung, mit Ärger, Wut und Aggressionen so umzugehen, daß sie zu einer positiven Kraftquelle werden, anstatt mich zu beherrschen und zu lähmen. Wut kann durchaus zu einer Quelle positiver Energie werden, zu einem willkommenen Impuls, mein Leben selbst zu leben, es selbst in die Hand zu nehmen und für es Verantwortung zu übernehmen, das anzupacken, wozu ich Lust und Talent habe.

Reifung geht nie an meiner Wut vorbei, sondern durch sie hindurch. Es geht nicht darum, die Leidenschaften abzuschneiden, sondern sie zu verwandeln, damit sie mir dienen, damit sie zu einer Quelle von Kraft und Lust am Leben werden. Der reife Mensch ist nicht der aggressionsfreie, sondern der, der von seinen Aggressionen nicht zerrissen wird und in ihnen ein Potential positiver Energien sieht. Er kann sie fruchtbar machen für seinen Lebensentwurf. Die frühen Mönche sprechen davon, daß man sich die Kraft des Zorns dienstbar machen soll, um mit ihr Versuchungen der Triebe abzuwehren, etwa den Drang, immer etwas zu essen, oder sexuelle Phantasien oder den Kaufzwang.

Für uns Ordensleute ist es auch wichtig, wie wir mit unserer Sexualität umgehen. In einer Runde bei Graf Dürckheim meinte eine Schwester, sie habe mit ihrer Sexualität keine Probleme, sie habe sie auf Eis gelegt. Dürckheim konterte: „Das merkt man auch. Aber passen Sie auf, da hält sie sich auch frisch."

Es geht nicht darum, die Sexualität abzuschneiden, sondern sie als Quelle der Spiritualität, als Quelle der Lebendigkeit und der Lust am Leben für sich zu nutzen. Sexualität ist der bellende Hund, der mich zum Schatz in meinem inneren Turm führen möchte. Ich darf sie nicht einsperren und einfrieren in diesem Turm. Ich könnte meine Wärme, meine Herzlichkeit und Menschlichkeit verlieren. Oder ich würde mich ausgesperrt fühlen vom Leben. Und ich müßte ständig bangen, daß die Hunde nicht doch ausbrechen und leinelos losrennen. Ich hätte ständig mit der Angst vor lauernden Begierden zu tun, die mich überfallen könnten.

Eine Ordensschwester sprach davon, sie traue sich nicht, den Priester, den sie möge, zu umarmen. Denn dann würde ihre Sexualität aktiv werden und sie überschwemmen. Aber – mit dieser Angst im Rücken bleibt ihr nur, jeden Keim sexueller Energie im Keim zu ersticken und sich jede auch nur kleinste Geste der Zärtlichkeit zu verbieten, ohne daß die ihr auch als Ordensfrau innewohnende Sexualität zu einer lebensspendenden Kraft und Stimme der Herzlichkeit werden kann. Natürlich ist in jeder Umarmung zwischen Mann und Frau auch sexuelle Energie mit im Spiel. Aber – wenn ich bewußt in einer Umarmung Nähe spüre, dann muß das keineswegs der Beginn einer sexuellen Beziehung sein. Die Angst und Phantasie jener Ordensfrau ist eher ein Zeichen aufgestauter, unterdrückter und daher übermächtiger Energie.

Walter Lechler ist es ein großes Anliegen, in seinen

Kliniken körperliche Nähe einzuüben, um Menschen erfahren zu lassen, daß Nähe noch lange nicht sexuellen Kontakt meint. Wir brauchen heute eine neue Kultur der Herzlichkeit und Zärtlichkeit. Sie würde uns befreien von der Fixierung auf die genitale Sexualität. Ehelose Frauen und Männer müssen ihre Sexualität nicht verdrängen, sie könnten vielmehr dazu beitragen, eine Spiritualität zu leben, die von der Kraft des Eros durchtränkt ist, und eine Kultur des Miteinanders von Mann und Frau zu entwickeln, in der es nicht ums Erobern geht, sondern um eine fruchtbare, achtungsvolle Spannung zwischen den Geschlechtern und um eine Erotik, die seit jeher der kulturstiftende Faktor schlechthin war.

In manchen Klostergemeinschaften sucht man allerdings vergebens nach einer Kultur der Zärtlichkeit. Da begrüßt man sich kaum einmal mit einem Handschlag. In der benediktinischen Tradition ist die Begrüßung mit dem Friedensgruß üblich. Aber auch da meinen manche, es sei ein Fortschritt, sich nur die Hand zu geben. In anderen Gemeinschaften gibt es überhaupt keinen Raum, Nähe in natürlicher Weise körperlich auszudrücken. Dabei geht es nicht nur um Zärtlichkeit im Umgang miteinander, sondern auch um den achtsamen und behutsamen Umgang mit den Dingen. Im achtsamen Umgang mit dem Geschirr, mit der Kleidung oder mit der Schreibmaschine zeigt sich durchaus, ob jemand seine erotische und sexuelle Energie in alle seine Lebensäußerungen einfließen läßt. Nicht integrierte Sexualität bekundet sich oft in einem brutalen Umgang mit den Dingen. Manchmal erschrickt man geradezu in Klöstern vor dieser Brutalität im Umgang mit Werkzeug, mit Chorbüchern, aber auch vor der Härte sich selbst und andern gegenüber.

Bewußt und liebevoll integrierte Sexualität drückt sich aus in der Lebenskultur, im Sinn für das Feiern, für Raumgestaltung und Schmuck, im achtsamen Umgang mit den Dingen des Alltags. Man spürt an der Art und Weise der Feiern einer Gemeinschaft, ob Menschen in ihr leben, die Phantasie und erotische Kraft haben für eine Lebenskultur der Herzlichkeit und Zärtlichkeit, die ihre sexuelle Lebensenergie integriert haben, oder ob dies alles kein Thema und die Atmosphäre steril ist.

Wir sollten die Erotik und Sexualität als spirituelle Kräfte wiederentdecken. In der Geschichte der Mystik sehen wir, daß Sexualität die eigentliche Quelle der Spiritualität ist. Die sexuelle Energie war für die Mystiker ein Ansporn, über sich hinauszuwachsen und in der Ekstase der Liebe mit Gott eins zu werden. Die Integrierung der Sexualität in unseren spirituellen und menschlichen Lebensweg will dazu auffordern, daß wir uns nicht damit zufrieden geben, nur Gebote und Regeln zu kennen, sie zu erfüllen und korrekt zu leben. Die tiefste Berufung eines Ordenslebens ist es vielmehr, (1) uns zu sehen und zu lieben, wie wir sind, Menschen mit Seele und Leib, (2) unser kleines Ich zu übersteigen und (3) uns in Gott hinein fallen zu lassen.

Bei Evagrius Ponticus (346–399) spüren wir noch, wie die Mönche damals fasziniert waren von ihrer Würde, die darin bestand, beten zu können und im Gebet mit Gott eins zu werden, in die liebende Gemeinschaft des dreifaltigen Gottes hineingenommen zu werden. Es geht nicht darum, die Sexualität „in Griff zu bekommen", sondern darum, sich von ihr in die Liebe Gottes hinein treiben zu lassen. Für die frühen Mönche war Sexualität der eigentliche Antreiber auf Gott hin. So bietet das Ordensleben eine Chance, Sexualität – sie bejahend und ernst nehmend – in Spiritualität zu verwandeln. In der Geschichte der Spiritualität war die Lebensform der Ehelosigkeit sicher Motiv und Antrieb, sich nicht mit einem bürgerlichen, lauwarmen Christentum zufrieden zu geben, sondern sich immer wieder neu und leidenschaftlich nach Gott auszustrecken. Orden hätten auch heute die Aufgabe, die Spannung von

Eros und Mystik zu leben und in der Kirche wach zu halten. Die Verwandlung unserer gottgewollten Sexualität in engagierte Spiritualität kann aber nur gelingen, wenn wir uns mit unserer Sexualität aussöhnen und anfreunden, wenn wir gut mit ihr umgehen und sie nicht aus Angst vor den bellenden Hunden in den Turm einschließen und ihr den Mund verbieten. Sexualität will unsere Sehnsucht nach Gott wachhalten, der auch in jeder ehelichen Liebe und Ekstase das geheimnisvolle, unnennbare Dritte ist. Diese Sehnsucht läßt uns mit dem Psalmisten sprechen: „Gott, du mein Gott, dich suche ich, meine Seele dürstet nach dir. Nach dir schmachtet mein Leib wie dürres, lechzendes Land ohne Wasser" (Ps 63,2).

## *Die Schwermut und der Tiefgang der Seele*

Depressionen sind auch im Kloster ein häufiges Thema. Dabei muß man unterscheiden zwischen wirklicher Krankheit – etwa der endogenen Depression, die man nur mit Medikamenten behandeln kann – und reaktiven Depressionen, mit denen man auf schwere Verlusterfahrungen und Erschütterungen reagiert. Manchmal sind Depressionen auch Folge innerer und äußerer Erschöpfung. Man hat keine Kraft mehr, sich den Forderungen des Alltags zu stellen, weil sie einen überfordern oder weil man abgeschnitten ist von seiner inneren Quelle. Depressionen können bei Ordensleuten außerdem ihren Ursprung in der konsequenten Verdrängung der Sexualität haben, die ja eine entscheidende Lebenskraft ist. Manchmal zeugen Depressionen aber auch von unreifen Reaktionen auf Enttäuschungen und Frustrationen.

Manche reagieren depressiv, wenn der Obere oder die Oberin sie nicht genügend berücksichtigt und anspricht, wenn sie sich – vielleicht wie ehedem bei Vater oder Mutter – vernachlässigt fühlen. Sie beobachten genau, wieviel und wie lange die Oberen mit einzelnen

Brüdern und Schwestern sprechen. Und wenn sie das Gefühl haben, daß sie zu kurz kommen, werden sie entweder eifersüchtig oder depressiv. Hier spürt man, daß es unreife Verhaltensweisen sind, infantile Tendenzen, die Mutter oder den Vater zu bestrafen, weil sie sich zu wenig um das Kind kümmern.

Andere Ordensleute fallen sofort in ein Loch, wenn eine Mitschwester oder ein Mitbruder sie kritisiert oder wenn es Spannungen in der Gemeinschaft gibt, die das Kinderparadies einer harmonischen und heilen Welt stören oder gar zu zerbrechen drohen. Andere werden depressiv, weil sie sich nicht so gesehen fühlen, wie sie sind, oder weil sie sich nicht trauen, sich so zu zeigen, wie sie sind. Wieder andere treibt die Angst, den Anforderungen nicht gerecht zu werden, in die Depression. Und oft ist Depression eine Folge von Perfektionismus: Weil man nicht so perfekt sein kann, wie man es will oder meint sein zu müssen, weil man seinen kindlichen Allmachtsphantasien nicht entspricht, versinkt man in die Depression.

Hier stellt sich die Frage, wie wir mit depressiven Stimmungen umgehen können. Zunächst kann Schwermut durchaus auch eine Quelle von Kreativität sein, wie es Romano Guardini gezeigt hat, der zeit seines Lebens unter seiner Schwermut litt. Für ihn weist die Schwermut auf den Tiefgang der Seele hin. Die Depression kann – einerseits – lähmen und zu einer quälenden Last werden. Aber wenn ich mich – anderseits – damit aussöhne, daß ich empfindlich bin und immer wieder in Depressionen falle, dann kann mich dies zugleich sensibel machen für andere, dann kann eine Depression auch zu einer Quelle der Reifung werden. Entscheidend ist jedoch, daß ich in den Brunnen meiner Depression hineinsteige, wie es etwa Goldmarie im Märchen „Frau Holle" tut. An der Oberfläche kann sie noch immer gegen Resignation und Depression ankämpfen und gerät so immer noch mehr in den Strudel der Überforderung.

Als sie aber in den Brunnen hinabspringt, landet sie auf einer Blumenwiese. Da zeigt sich die vielgestaltige Innenseite der Dinge. Da verwandelt sich die Depression in eine bunte Welt.

Das heißt: Es kann nicht darum gehen, meine Traurigkeit und Schwermut fromm wegzuerklären, indem ich mir einrede, doch gar nicht traurig sein zu dürfen, weil Gott mich ja liebt. Das hilft im Augenblick der Depression auch gar nicht weiter. Ich muß hineinsteigen in meine Traurigkeit, sie zulassen, sie zu Ende fühlen, dann kann es sein, daß sie sich von selbst verwandelt, daß ich auf dem Grund meiner Traurigkeit einen tiefen Frieden spüre. Auf einmal entdecke ich die Tiefe des Daseins, fühle die Schwere des Lebens. Aber ich bin dabei nicht unglücklich, sondern bin in Berührung mit dem Geheimnis des Lebens, mit dem Geheimnis meines wahren Selbst und mit dem Geheimnis Gottes. Auf dem Grund meiner Traurigkeit spüre ich mich ganz tief und bin ich ganz bei mir. Wenn ich mich ihr stelle, mich aussöhne mit ihr, dann kann sie zu einer Quelle des Gebetes werden und/oder zu einer Quelle neuer Kraft und Kreativität. Manch einer weicht der Traurigkeit aus, indem er in Aktivitäten flüchtet. Sein Leben könnte tiefer und farbiger werden, wenn er sich Zeit ließe auch für die traurigen Gefühle, die in ihm hochkommen und durchlebt werden möchten.

### *In der Welt haben wir Angst*

Eine andere Herausforderung zu reifen ist der richtige Umgang mit unseren Ängsten. Eugen Drewermann hat die Angst als die eigentliche Bedrohung des Menschen geschildert. Bernhard Fraling versteht die Ordensgelübde als positive Antwort auf die drei Grundängste des Menschen. Das Ordensleben konfrontiert uns mit Ängsten, denen sich jeder Mensch in seinem Leben zu stellen hat.

(1) Der *Gehorsam* antwortet auf die Angst vor der Fremdbestimmung, auf die Angst vor der Macht, die andere über mich ausüben können. Im Gehorsam horche ich auf Gottes Willen, der mich befreit zu dem, der ich vom Ursprung her bin.

(2) Die *Armut* antwortet auf die Angst vor dem Verhungern, vor dem Zukurzkommen, vor dem Vernachlässigt- und Übersehenwerden. In der Armut gebe ich alle Sicherungstendenzen auf, um mich meiner eigenen Wahrheit zu stellen, um zu bekennen, daß Gott meine Sehnsucht zu erfüllen vermag.

(3) Die dritte Grundangst ist die Angst vor der Haltlosigkeit. Ich habe Angst zu versinken, keinen sicheren Boden zu haben. Normalerweise klammert sich der Mensch dann an einen andern Menschen oder an äußere Sicherheiten, um dieser Angst aus dem Weg zu gehen. In der *Ehelosigkeit* bekenne ich, daß Gott mein letzter Halt ist, daß Er mir die Geborgenheit schenken kann, nach der ich mich sehne.

Wenn ich mich in den drei evangelischen Räten diesen drei Grundängsten stelle und ihnen eine positive Antwort gebe, komme ich zu meiner inneren Wahrheit und Freiheit. Da finde ich mein wahres Selbst, da reife ich zu dem einmaligen Bild, das Gott von mir hat.

Es gibt ja nicht nur diese drei Grundängste, sondern viele andere, etwa die vor dem Abgelehntwerden, vor dem Versagen, vor dem Tod, vor der Einsamkeit, vor der Krankheit, vor dem Schmerz. Zum Weg menschlichen Reifens gehört es unabweislich, uns diesen Ängsten zu stellen. Angst hat immer auch einen Sinn. Angst weist oft auf falsche Grundannahmen, auf Verhaltensmuster hin, mit denen ich mich gleichsam durchs Leben schlage, etwa auf Muster wie: „Ich darf keinen Fehler machen, sonst bin ich nichts wert." – Oder: „Ich darf mich nicht blamieren, sonst werde ich abgelehnt." Auch Ängste sind bellende Hunde, die mich zwingen wollen, den Schatz meiner wahren Identität in meinem

Turm zu entdecken. Sie zeigen mir, daß ich meinen Wert nicht vom Perfektsein, nicht von der Anerkennung aller beziehe, sondern aus mir selbst und von Gott her. Ängste laden ein, Hinweistafeln an meinen Weg zu stellen, die menschlich und barmherzig sind, die mich leben lassen, etwa: „Ich darf Fehler machen. Ich darf schwach sein. Ich darf mich blamieren." Es geht auch hier nicht darum – die Versuchung ist oft allzu groß und vertraut –, die Angst fromm zu unterdrücken, etwa mit dem Gedanken: „Wenn ich genügend vertrauen würde, hätte ich keine Angst. Als Christ dürfte ich eigentlich keine Angst haben." Das hilft überhaupt nicht weiter. Die Angst will mich ja gerade dahin führen, mich allem, was mein Leben reifen läßt, zu stellen und so eine Lebenseinstellung zu entdecken, die mich zu meinem Schatz führt, zu meinem wahren Selbst.

Zentraler als die Angst, sich zu blamieren und von anderen abgelehnt zu werden, ist die Angst vor der Einsamkeit, die Angst vor Krankheit und Tod, die Gewissensangst, die sich bis hin zur Angst vor der Verdammnis äußern kann. Auch diesen Ängsten können wir nicht aus dem Weg gehen. Sie zwingen uns, nach dem Sinn unseres Lebens zu fragen und nach unserer tiefsten Identität.

(1) Die Angst vor der Einsamkeit kann uns zu der Erfahrung führen, daß wir – wie jeder Mensch – im Grunde allein sind, daß es einen Bereich gibt, in den uns niemand folgen kann, daß wir aber in unserer Einsamkeit von Gott getragen sind, mit Gott eins sind, mit allem eins (all-eins) sind.

(2) Die Angst vor dem Tod stellt uns vor die Frage, was unser Leben ausmacht und wohin es zielt. Wir werden sterben, aber unsere wahre Identität wird im Tod nicht zerstört. Im Tod wird das Bild, das Gott sich von uns gemacht hat, erst in seinem wahren Glanz aufleuchten.

(3) Und die Angst vor der Verdammung führt uns dazu zu verstehen, was Gnade ist, daß wir aus Gnade leben, weil Gott uns liebt, daß wir uns deshalb unser Dasein nicht verdienen müssen.

Mit all diesen Ängsten werden wir auch im Ordensleben konfrontiert. Indem wir uns unseren Ängsten – konkret und ganz – stellen und sie befragen, was Gott uns darin sagen möchte, finden wir mehr und mehr zu unserem wahren Selbst.

## *Die unerlösten Wunden der Vergangenheit*

Zum Reifwerden gehört außerdem, daß ich mich mit den Wunden meiner Vergangenheit aussöhne. Jeder wird in seinem Leben verletzt, selbst wenn die Eltern es noch so gut mit ihm meinen. Wunden der Kindheit und Jugendzeit können bis weit ins Erwachsenenalter prägen, mein Denken und Empfinden beeinflussen und mein Reifen lähmen. Viele verbrauchen ihre ganze Energie, um die Wunden verschlossen zu halten, damit keiner sie bemerkt. Die Angst sitzt tief in solchen Menschen, Verwunden zu zeigen. Sie würden sich sonst minderwertig und schwach fühlen, und dies entspricht nicht ihrem Ordensideal. Viele haben als Kind nicht gelernt, ihren Schmerz zu spüren, den Verletzungen auslösen, und noch weniger, ihn auszudrücken. Genau dies jedoch verhindert oft über viele Jahre, sich mit seinen Verwundungen auszusöhnen.

Eine der bitteren Folgen, die ein Reifen behindern: Wenn ich mich nicht mit den tiefen Wunden und Gefühlen des Zukurzgekommenseins, des Unverstandenseins, des Ungeliebtseins aussöhne, laufe ich vielleicht mein Leben lang durch die Welt und suche unbewußt nach dem idealen Vater und der guten Mutter, – mit dem heimlichen Anspruch, die Welt sei mir noch etwas schuldig . Um mich mit den Wunden meiner Vergangenheit versöhnen zu können, muß ich bereit sein, erst einmal den Schmerz zuzulassen, den ich seit langem verdrängt habe, weil er mir unerträglich war. Der entschlossene Mut dazu ist die wichtigste Voraussetzung dafür, daß meine Wunden heilen können. Ich muß mich dem Schmerz – ihn noch einmal mit möglichst vielen konkreten Erinnerungen durchlebend und durchleidend – bewußt stellen, sonst schneide ich mich von meinen eigenen Wurzeln ab. Denn meine Wunden tragen auch ein unüberschätzbares Potential in sich: Sie können zu einer Quelle von Sensibilität und Lebendigkeit werden, wenn ich bereit bin, zu verzeihen und mich mit ihnen auszusöhnen.

Dies verlangt von manchem, (1) das Idealbild der eigenen Unverwundbarkeit aufzugeben, (2) sich seinem Schmerz zuzuwenden und (3) sich von der (eingebildeten) Ohnmacht zu verabschieden, diesen Schmerz aus der Welt zu schaffen. Die Wunden des Ungeliebtseins – mit all ihren je individuellen Varianten – könnten dann gerade der Ort werden, an dem alle meine Masken zerbrechen und ich in Berührung komme mit meinem wahren Selbst. Und – es tut weh, durch die Wunden hindurch zu sich selbst zu finden. Es wäre einfacher, sich an ihnen vorbei weiterzuentwickeln. Aber das geht nicht. Unerlöste, unversöhnte Verletzungen und Narben sind das stärkste Hindernis des Reifens und Glücklichseins.Was ich übersehe oder überspringe, fehlt mir auch an meiner Lebendigkeit.

Das Ordensideal des Verzichts und der Opferbereitschaft kann dazu führen, daß ich meine Wunden überspringe, vielleicht mit Sätzen wie: „Schmerzen dürfen eigentlich nicht sein. Ich bin selbst schuld daran. Wenn ich genügend gebetet hätte, würde ich auch den Schmerz über meine Wunden nicht so spüren." Dem Schmerz, der nicht sein darf, kann ich mich jedoch nicht stellen, und er rumort weiter in meinem Denken, Empfinden und Reagieren.

Ein anderer, ebenso fruchtloser Weg, seinen Wunden

aus dem Weg zu gehen, besteht darin, sie vorschnell in einer Leidenstheologie zu idealisieren. Die Wunden werden nicht als solche wahrgenommen und aufgearbeitet, sondern theologisch ideologisiert mit Sätzen wie: „Es ist natürlich und recht, wenn es mir schlecht geht. Das gehört zur Nachfolge Christi. Mein Leid ist das Kreuz, das ich auf mich zu nehmen und geduldig zu tragen habe. Es ist sogar eine Auszeichnung für mich." Sollte Gott wirklich wollen, daß unsere Wunden uns am Leben hindern? Sollte er nicht vielmehr wollen, daß wir sie zu Quellen des Lebens und Reifens verwandeln? Jesus selbst wurde – so das Johannesevangelium – gerade am Kreuz zur Quelle des Segens für die ganze Menschheit. Da sind aus seiner durchbohrten Seite Blut und Wasser geflossen, für den Evangelisten ein Bild des Heiligen Geistes und ein Zeichen, daß aus der Wunde Jesu Heiliger Geist auf uns überfließt und uns mit göttlichem Leben erfüllt, mit der Liebe, die Jesus in seinem Leben und Sterben respräsentiert hat. Mit andern Worten: Das Johannesevangelium hat darauf verzichtet, eine Leidenstheologie oder eine Kreuzesmystik zu entwerfen, als ob Kreuz und Leiden für den Christen das eigentliche Kennzeichen seien und in sich einen Sinn hätten. Für ihn ist Jesus gekommen, uns das Leben in Fülle zu schenken, nicht das Leid. Die Leidensverherrlichung nimmt die Wunde der Menschen und auch die Todeswunde Jesu nicht wirklich ernst, sondern überspringt sie, indem sie sie hochstilisiert zum Kennzeichen einer guten Ordensfrau oder eines frommen Ordensmannes. Die Botschaft des Kreuzes Jesu lautet vielmehr: Holt den Menschen vom Kreuz – durch Liebe!

Es gibt in Klöstern allerdings nicht nur eine Art Leidenssucht, sondern auch eine unreife Flucht vor dem Leiden. Wir können in unserem Leben dem Leid kaum aus dem Weg gehen. Es wird uns irgendwann einmal treffen. Und dann zeigt sich, ob ich bereit bin, das Kreuz meines Lebens auf mich zu nehmen. „Das Kreuz anzunehmen" heißt jedoch nicht, mir künstlich Opfer zu suchen, sondern ja zu sagen zu meinem Leben, so wie es ist, ja zu sagen zu dem, was mich Tag für Tag durchkreuzt – *und* zu ändern, zu verwandeln, was zu ändern ist, aber auch anzunehmen, was wirklich nicht zu ändern ist, und das eine vom andern zu unterscheiden.

Die Wunde anzuschauen erfordert Mut und Demut. Die Wunde gehört zu mir. Da ist eine Stelle, an der ich mir selber nicht helfen kann, an der ich ohnmächtig bin, an der Schmerz hochkommt und mich traurig macht.

Ich habe eine Ordensfrau beratend begleitet, die ihre Probleme durch Exerzitien und ein geregeltes geistliches Leben in den Griff bekommen wollte. Sie meinte, sie bräuchte nur intensiver in Gott ihren Halt zu suchen, dann würde sich alles andere geben. Es war für sie eine befreiende Neuentdeckung, als sie (zuvor) die Wunden ihrer Kindheit zuließ. Seitdem mußte sie sich nicht immer nur damit abmühen, ihre Probleme zu bewältigen. Vielmehr erlebte sie, wie durch ihre alten Wunden hindurch neue Lebendigkeit in sie einströmte. Aber es brauchte auch Mut und Demut, ganz wahrhaftig die Realität, d. h. die Wunden als wirkliche Verletzungen zu sehen, die ihr ihre Mutter zugefügt hat. Bisher war ihr nichts anderes möglich gewesen, als ihre Mutter zu verherrlichen: eine überlebensnotwendige Reaktion der Tochter. Denn da der Vater im Krieg gefallen war, bedeutete die Mutter für sie der einzige und notwendige Boden, auf dem sie stand. Nun zu sehen, daß die Mutter nicht nur liebevoll mit ihr war, sondern ihre Tochter auch schmerzlichst verletzt hat, weil sie selbst ein verletztes Kind war, das verlangte Mut. Als die Wunden angeschaut und als solche durchlitten waren, blühte diese Schwester gleichsam auf. Sie hatte sich als Kind gegen ein ungerechtes Geschlagenwerden durch die Mutter immer wieder unbewußt reaktiv geschützt, indem sie ihren Rücken krümmend zusammenzog. Dies war auch ihre Reaktion auf all die späteren Verletzungen, etwa im Noviziat, wenn man sie aufgrund bestimmter Äußerungen belachte, und auch diese (sich fortsetzende) Reaktion war für die Schwester – trotz ihrer chronischen Rückenschmerzen – lange überlebensnotwendig. Jetzt aber, mit 50 Jahren, zwangen sie ihre Schmerzen, nach der Ursache zu fragen, und es war für sie nicht mehr nötig, sich vor den Wunden der Vergangenheit zu verschließen. Sie spürte eine Freiheit und Weite und auch eine eigene Dankbarkeit für alles, was war. Ihre Mutter hatte sie wirklich verletzt, und sie trug viele Jahre daran, aber sie hatte ihr auch genügend Kraft mitgegeben, an den Wunden zu wachsen.

Wenn diese Frau ihr geistliches Leben weiter dazu benutzt hätte, vor der Wunde davonzulaufen und sie mit immer mehr Beten zu unterdrücken, hätte sie wohl nie die befreite Lebendigkeit erfahren und die erlöste Reife erlangt, die sie jetzt fand.

## *Das Feuer des Scheiterns*

Ein anderer Bereich, der zum Prozeß menschlichen Reifens im Ordensleben gehört, ist das Scheitern, das Versagen, der Mißerfolg. Bei niemandem wird das Leben immer so verlaufen, wie er es sich erträumt und erhofft hat. Jeder wird Fehler machen, manches wird schief laufen. Die Versuchung liegt nahe, Versagen und Scheitern zu verdrängen, weil sie nicht mit dem Ordensideal zusammengehen. Aber – wer dieser Versuchung erliegt, wird sein Leben auf Sand bauen. Und unter diesem Sand sind all die Fallgruben, die sich verdrängtes Scheitern und Versagen gegraben haben.

C.G. Jung wußte, daß das Versagen wesentlich zu unserer Menschwerdung gehört. Wer meine, ohne Fehler und ohne Scheitern zur Reife zu kommen, der erliege einer Illusion. Der größte Feind der Verwandlung, so Jung, sei ein erfolgreiches Leben. Wer immer Erfolg habe, erliege leicht dem Irrtum, er müsse sich nie ändern, könne immer so weiterleben, und alles würde immer glatt gehen. Offensichtlich müssen wir in unserem Leben immer wieder mit den eigenen Grenzen und auch mit der eigenen Ohnmacht konfrontiert werden, daß wir unser Leben nicht allein nach unserem Willen und unseren Träumen gestalten können, daß wir nicht alles vermögen, was wir wollen. Denn ein Scheitern kann gerade zum Ort einer tiefen Gotteserfahrung werden, in der wir spüren, daß die Gnade des Aufgehoben- und Geliebtseins genügt. Doch Vorsicht: Gott wird den Stachel nicht aus unserem Fleisch nehmen. Er wird uns trotz unseres geistlichen Eifers unsere Empfindlichkeit, unsere neurotischen Lücken, unsere Wunden und auch unser Versagen lassen. Mit Paulus können wir uns aber unserer Schwachheit rühmen. Wir selber haben keine Garantie für uns. Wenn wir uns *mit dieser Realität* einverstanden erklären, dann kann Gottes Gnade reichlich in uns strömen.

Wir brauchen uns also nicht unter einen Leistungsdruck des Wachens, Sich-Änderns und Reifens zu stellen. Menschliche Reife finden wir nicht bei dem, dem alles gelingt, sondern bei dem, der trotz und gerade durch alles Versagen und Scheitern hindurch seine Hoffnung auf Gott richtet, der aufrecht demütig geworden ist und verständnisvoll für die andern, dem es vergangen ist zu richten, weil er seiner eigenen Schwachheit zu begegnen weiß.

### *Das unverzichtbare Ja zu meinen Emotionen*

Das Hören auf die bellenden Hunde könnte man auch als Emotionsfähigkeit bezeichnen, ein weiteres Kriterium menschlicher Reife. Für Benedikt drückt sich die Emotionsfähigkeit im Eifer für den Gottesdienst aus. Wie das? Nur wenn ich mich meinen Emotionen stelle, gerade auch den – vermeintlich „negativen" – Emotionen von Wut, Angst und Traurigkeit, kann in mir wirklicher Eifer für den Gottesdienst wachsen. Wenn ich meine Gefühle – aus falscher Bescheidenheit und/oder geistlicher Schieflage – überspringe, wird auch mein geistliches Leben emotionslos sein, langweilig und leer, Routine. Der reife Umgang mit Emotionen schafft die Bedingung, wirklich beten zu können. Im Gottesdienst, besonders deutlich etwa in den Psalmen, wird ja eine große Vielfalt menschlicher Gefühle und Emotionen zur Sprache und vor Gott gebracht. Ich werde meine persönlichen Gefühle, mein Bewegtsein und auch mein Unbewegtsein, in der Liturgie umso besser vor Gott ausdrücken können, je intensiver ich mich mit ihnen auseinandersetze, mit ihnen in Berührung bin.

## Auf den Leib und die Träume hören

Zum Weg des *menschlichen* Reifens gehört, Gottes Stimme zu vernehmen mittels des Sprach- und Klangrohrs unseres Leibes. Es dürfte nicht übertrieben sein zu sagen, daß viele Ordensfrauen und -männer nur geistigen Idealen folgen, dabei jedoch ihren Leib überspringen. Nicht wenige merken gar nicht, wie ihr Leib gegen ihren höhenfliegerischen Lebensentwurf rebelliert. Sie pflegen und bewundern die Krone ihres zum Himmel drängenden Lebensbaumes und vergessen dabei, daß seine Wurzeln im Erdreich wohnen. Sie haben sich ein himmelswärts gerichtetes Ideal verordnet, ohne Rücksicht auf die zeitlebens ebenso verbindliche Erdhaftigkeit und gleichsam inkarnatorische Befindlichkeit als Leibwesen. Hält diese „Hans-guck-in-die-Luft-Mystik" allzu lange an, beginnt der Leib zu streiken.

### *Krankheiten – Folgen einer „Hans-guck-in-die-Luft-Mystik"*

Die vielen Krankheiten in Ordensgemeinschaften, gerade auch bei jüngeren Mitgliedern, zeigen, daß da nicht das ganzheitliche Menschenbild gelebt wird, das Gott sich von uns und jedem einzelnen gemacht hat, sondern vergeistigte und zum Teil Leben und Leiblichkeit verneinende Idealbilder, die übergestülpt werden. Da ist ein Ordensideal durch geistliche Einäugigkeit zur Ideologie geworden, die dazu führt, daß man auf zwei Ebenen lebt. Auf der einen – manchmal sogar verhärtet im Guten – möchte man nur das eine: sein hohes und hehres Ideal verwirklichen, und auf der andern spürt man, daß es unerreichbar, nicht realisierbar ist, und eilt dem gleichsam ständig vorauslaufenden Begleiter – namens Pflicht und Schuldigkeit – nach. Dieses Doppelleben führt – ungewollt – zu einer dunklen Frucht, zur Lebenslüge, die den Menschen innerlich zerreißt. Das Ideal wird zum Prokrustesbett, in das man sich einzwängt oder in das man hineingestreckt wird, bis man dabei umkommt.

Wenn Ideal und Wirklichkeit zu sehr auseinanderklaffen und die geistigen oder seelischen Kräfte eine not-wendige Korrektur verweigern, reagiert meist der Leib. Eine häufige Reaktion – und Symptom – ist das Schwindelgefühl, unter dem sowohl Priester als auch Schwestern vor allem in der Lebensmitte zu leiden haben. Da hat zum Beispiel ein Priester Angst, daß ihm nach der Wandlung schwindlig wird. Oder ein Schwester packt die Angst, daß ihr schwindlig wird, wenn sie im Gottesdienst etwas vortragen muß. Die Frage ist, wo sie „schwindeln". Dies ist nie moralisch zu verstehen, sondern existentiell. Oft haben sich Ordensleute so hohe Idealbilder gebaut, denen sie Tag für Tag gerecht werden müssen, daß sie die Verbindung mit der eigenen, begrenzt menschlichen Wirklichkeit verloren haben. Die Folge ist nicht selten geistlicher und ekklesiogener Streß mit all seinen Auswirkungen auf Seele und Leib. Wenn Ideal und Wirklichkeit unversöhnlich auseinanderklaffen, kann einem davon nur schwindlig werden. Physische Schwindelgefühle sind wiederum eine (vielleicht zunächst verdeckte) Botschaft jener bellenden Hunde, die mich auf einen Schatz in meinem Lebensturm verweisen: Es ist hohe Zeit, mich auszusöhnen mit meiner Lebensrealität als Geist- *und* Leibwesen.

## *Krisen- und Geburtszeiten*

Wir sollten uns jedoch – beim aufmerksamen Blick auf unsere Leiblichkeit – davor hüten, nun ein weiteres Mal und nun für unseren Bruder Leib neue hohe Idealbilder aufzustellen, als ob wir beispielsweise immer gesund sein müßten, wenn wir richtig leben. Krankheiten gehören als Stufen des Reifens vielmehr genauso zu uns wie Fehler und Versagen. Krankheiten können Krisen-, Geburtszeiten sein, durch die ich hindurch muß, um zu meiner wahren Gestalt zu reifen.

Hildegard von Bingen (1098–1179) ist häufig krank gewesen und hat ihr Kranksein immer wieder als Durchbruch zu neuen Ufern erlebt. Entscheidend ist offenbar, daß wir – unvermeidliches oder auch selbst provoziertes – Kranksein als einen der bellenden Hunde ernst nehmen, der uns zu unserem Schatz führen kann, und nicht unser erster Gedanke ist, jede Krankheit vorschnell mit Medikamenten zu bekämpfen, ohne ihre Botschaft verstanden zu haben. In manchen Klöstern ist dafür wenig Sensibilität vorhanden. Man verschließt lieber die Augen vor der Krankheit oder erklärt sie rein organisch. Wenn wir aber lange und rigoros genug unsere Gefühle, unsere Bedürfnisse, unsere Leidenschaften und unsere Leiblichkeit unterdrückt haben, dann bleibt ihnen nichts anderes übrig, als sich im Leib auszudrücken. Wir täten gut daran, die Sprache des Leibes spätestens dann und möglichst gründlich ernst zu nehmen und als eine der Stimmen Gottes zu verstehen.

Nicht wenige Ordensleute haben Probleme mit ihrem Magen. Der Magen sagt – psychosomatisch betrachtet – meistens etwas über Beziehungen aus. Beim Essen spüre ich möglicherweise am deutlichsten meine Spannungen zu andern Menschen. Manchmal drückt sich im Magen vielleicht die Sehnsucht nach guten Beziehungen aus oder unterdrückte Ärger, eine Enttäuschung, eine Angst. Manchmal signalisieren Magenbeschwerden einfach Spannungen, Unklarheiten, Unausgesprochenes in meiner Beziehung zu andern. Die vielen Ausnahmen im Speiseplan, die es gerade in Klöstern gibt, deuten darauf hin, daß man die Ursache eher in der Art der Speise, ihrer Verträglichkeit oder Unverträglichkeit, sieht und nicht in inneren, leib-seelischen Konflikten.

Andere haben ständig Kopfschmerzen. Diese können Ausdruck, Alarmzeichen von zu großem seelischem oder geistigem Druck sein, den ich mir selbst mache. Sie können aber auch auf einen inneren – berechtigten oder übertriebenen – Widerstand hinweisen, mit dem ich mich gegen etwas wehre, was von außen auf mich zukommt.

Zu beobachten ist, daß bereits junge Ordensleute vor sich hinkränkeln. Manchmal kann Krankheit auch eine Art Verweigerung sein, sich fordern zu lassen. Oder sie dient als Schutzraum, in den man sich zurückzieht, um sich gegen Situationen oder Personen zu wehren. Wenn man beispielsweise nicht gelernt hat, produktiv mit Aggressionen oder Schmerz umzugehen, muß sie der Leib ausdrücken. Und da kann eine ganze Menge ungelebter Power in einer Krankheit stecken. Damit kann man sogar einen ganzen Konvent in Schach halten oder einem Obern, einer Oberin unmöglich machen, einen so einzusetzen, wie es die Gemeinschaft bräuchte. Oft verweigern sich solche Menschen jeder Arbeit. Sie lassen sich nie fragen, ob sie diesen oder jenen Posten ausfüllen können. Und wenn sie gefragt werden, zählen sie einem die lange Liste ihrer Beschwerden auf. Eigentlich sind sie – diese Botschaft vermitteln sie selbst – zu nichts zu gebrauchen, höchstens für das, was sie selber gerne möchten.

Nicht wenige Ordensleute weigern sich, sich positiv, gelassen, gereift auf das Alter einzulassen. Sie möchten möglichst lange auf ihrem Posten bleiben. Aber irgendwann treffen sie dann die Beschwerden des Älterwerdens. Spätestens dann wäre dies eine wichtige Herausforderung, seine eigene Kraft und Gesundheit realistisch einzuschätzen, loslassen zu lernen, in seiner Arbeit kürzer zu treten und sich nach innen zu wenden. Das Alter ist nach C. G. Jung die große Chance, den inneren Reichtum zu entdecken. Aber es braucht oft sehr lange, bis wir uns – gedrängt oder gezwungen von den Belastungen des Alterns – auf den Weg nach innen führen lassen. Zu leicht ist die Versuchung, sich krampfhaft an seiner Arbeit festzuhalten und sich und den andern zu beweisen, daß man noch zu vielem nütze ist. Die Aussöhnung mit der Realität des Alterns und den Beschwerden des Alters wäre eine große spirituelle Aufgabe, in die wir uns gerade in den Klöstern einüben sollten, – auf dem fortgeschrittenen Weg des eigenen Reifens und als Leitbild für die Jüngeren.

## *Krankheit – Aufgabe der Gemeinschaft*

Krankheiten sind nicht nur Ausdruck und Botschaft der Seele und des Leibes einzelner, sondern in ihnen äußert bzw. spiegelt sich oft auch die Situation einer Gemeinschaft. So wie jeder von uns seine Achillesferse – seine ihm eigene Verletzlichkeit – hat, die auf Spannungen reagiert, so gibt es auch in Gemeinschaften Glieder, die seelisch oder leiblich sehr sensibel auf verdrängte oder unversöhnte Konflikte reagieren. Eine Gemeinschaft täte dann gut daran, sich als ganze im Spiegel der kranken Glieder zu sehen. In der Familientherapie geht es nie nur um das einzelne krank gewordene Glied, sondern immer um das ganze System der Familie. Ein hoher Krankenstand in einer Gemeinschaft sollte immer als ein Signal verstanden werden, daß in der Gemeinschaft als ganzer etwas nicht stimmt. Es braucht allerdings große Demut und Wahrhaftigkeit, Krankheiten nicht auf einzelne abzuschieben, sondern als Ausdruck des Gemeinschaftsklimas zu sehen.

Natürlich muß man sich hier vor vorschnellen Interpretationen hüten. Aber – wenn eine Gemeinschaft in den Krankheiten einzelner auch einen Spiegel für sich sieht, könnte sie sensibler werden für ihre Situation, für ihren Geist, ihre Atmosphäre und gemeinsam nach Wegen suchen, als gereifte Menschen miteinander umzugehen.

## *Unsere Träume – Gottes vergessene Sprache*

Wie durch den Leib spricht Gott zu mir auch durch meine Träume. Ich erlebe oft, wie sich Ordensleute ein geistliches Programm zurechtzimmern. Sie machen sich bestimmte Vorsätze, bauen sich geistliche Pläne und meinen, damit Gottes Willen zu erfüllen. In Wirklichkeit ist es ihr selbst geschneidertes Programm, das den persönlichen Ehrgeiz befriedigt. Gottes häufig vergessene Sprache, unsere Träume, sagen uns, daß unser eigentliches Problem ganz anders liegt, daß es auf ganz anderes ankommt.

Ich habe eine Schwester vor ihrer ewigen Profeß eine Woche lang begleitet. Ich fragte sie, was sie sich noch besonders anschauen möchte. Für sie war ihre Gemeinschaft das eigentliche Problem, dem sie sich in dieser Woche stellen wollte. In der folgenden Nacht träumte sie, daß sich bei ihrem Heimweg zum Kloster eine große

Schlange um sie wand. Der Traum sagte ihr in diesem Symbolbild, daß sie die Gemeinschaft als ihr Problem vorschob. Das eigentliche Thema war vielmehr ihre Sexualität. Das heißt: Es galt, mit ihrer Schlange, mit ihrer Weiblichkeit und Sexualität, Freundschaft zu schließen. Zur Profeß gehörte, ihr Frausein mitzunehmen ins Ordensleben.

Ich erlebe oft, daß Gott uns im Traum – wie wir es ja auch oft in der Bibel erzählt finden – auf Probleme hinweist, die gerade anstehen. Und Er deutet auch die Schritte an, die wir jetzt in Angriff nehmen müßten. Wenn wir auf die oft göttliche Stimme der Träume hören und sie zu verstehen suchen, dürfen wir darauf vertrauen, daß wir uns selbst und damit dem wahren Bild näher kommen, das Gott von uns und unserem Weg hat.

So zeigt Er uns manchmal in den Bildern und Symbolen eines Traumes, wie es in unserem inneren Haus aussieht, welche Räume wir da näher anschauen sollten. Vielleicht gibt es noch verschlossene Räume, vielleicht sind manche voller Gerümpel, das wir entsorgen sollten. Oder Er zeigt uns in Verfolgungsträumen, was wir noch nicht angenommen haben, was unsere Schattenseiten sind. Oder er läßt uns von Kindern und dem eigenen Kindsein träumen, um anzudeuten, daß etwas Neues in uns wächst, daß etwas Echtes und Unverfälschtes in uns aufbricht. Manchmal vernachlässigen wir im Traum die Kinder, oder sie sind voller Wunden, dem Tode nahe. Dann möchte der Traum uns warnen, besser achtzugeben auf das, was da in uns wachsen möchte.

Es gibt auch numinose Träume, mit denen Gott unsern Glauben stärken möchte. Da wissen wir plötzlich im Traum, daß es Christus ist, der uns begleitet. Oder wir sehen ein Licht und spüren die Gewißheit: Gott ist wirklich gegenwärtig. Er umgibt uns immer und überall mit seiner liebenden und heilenden Gegenwart.

Es gibt – je nach psychologischen Schulen – verschiedene Zugänge zum Traumverständnis. Zur Reifung tragen unsere Träume jedoch vor allem bei, wenn wir auf die innere Welt und hinter den Bildern und Symbolen auf Gottes Stimme in unserem Unbewußten achten. Um Seine Stimme im Traum zu vernehmen, müssen wir die Sprache der Frösche lernen. Ich frage mich immer beim Aufwachen, was ich geträumt habe. Manchmal ist nur noch ein vager Eindruck lebendig. Aber die Bilder, die dann wieder auftauchen, sagen mir, wie es um mich steht. Und sie geben mir Zeichen, worauf ich zu achten, wo ich an mir zu arbeiten habe.

Ich erlebe manches Mal, daß Ordensleute sich fragen, ob sie an sich vorbeigelebt haben, ob das alles eine Täuschung war, ob sie einem falschen Ideal auf den Leim gegangen sind. Da ist es wichtig und wirklich aufschlußreich, ein Vertrauen zur Stimme Gottes in den Botschaften unserer Träume und unseres Leibes zu haben. Dort liegt eine Gewißheit darüber, ob wir irgendwelchen Idealen folgen oder aber dem Bild, das Gott von uns hat.

## Die Beziehung zu anderen und das Arbeitsfeld

Beziehungs- und Leistungsfähigkeit gehören nach Benedikt zu den Kriterien reifen Lebens der Mönche. Als Ideal der meisten Orden galt, daß man mit allen Schwestern und Brüdern unterschiedslos gleiche Beziehungen haben sollte. Persönliche Freundschaften waren verpönt. Dahinter stand die Überzeugung, solche Freundschaften störten die Einheit der Gemeinschaft. Das hat dazu geführt, daß viele Ordensleute nie echte Freundschaft erlebt und nie wirkliche Beziehung erfahren haben. In der frühen Geschichte des Mönchtums wurde unentwegt das Lob der Freundschaft besungen. Vor allem in den letzten hundert Jahren hat man die Freundschaft hingegen eher verdächtigt, da sie unsere Beziehung zu Gott störe. In Wirklichkeit aber kann menschliche Freundschaft die Beziehung zu Gott intensivieren; so hat es Aelred von Rivaux gesehen in seinem Lob der Freundschaft.

Manche Ordensleute sind durch die strenge Achtsamkeit auf gleiche Beziehungen zu allen sowie durch die Geringschätzung persönlicher Freundschaften in der Ordensgemeinschaft geradezu beziehungsunfähig geworden. Sie sind zwar zu allen freundlich, können jedoch niemanden wirklich an sich persönlich heranlassen. Bei den einen zeigt sich diese verarmte Beziehungslosigkeit in einem – auf den ersten Blick angenehmen – leutseligen Verhalten. Sie können eine ganze Gesellschaft unterhalten, verschließen sich aber sogleich, sobald ihnen jemand wirklich persönlich begegnen möchte. Andere erzählen jedem von ihren Problemen, bleiben in Wirklichkeit aber an der Oberfläche und halten sich mit all ihren vielen Reden die anderen in Wahrheit vom Leib. Vor allem jene Ordensleute, die in ihrer Tätigkeit – etwa in der Kranken- und Altenpflege oder in der Erziehungsarbeit – immer für andere da sind, laufen Gefahr, statt wirklicher dialogischer Beziehungen nur die eher monologische Beziehungsebene von Helfen und Fürsorge zu leben. Sie haben es mehr oder weniger verlernt, sich ganz persönlich in Beziehung zu bringen und echte, dialogische Beziehungen zu genießen. Sie sind zwar immer für andere da, aber sie selber bleiben im Grunde allein. Und irgendwann fühlen sie sich einsam, leer und ausgenutzt. Die Fähigkeit zu echter Freundschaft ist ein Zeichen menschlicher und geistlicher Reife.

Dietrich Bonhoeffer (1906–1946) lebte im Gefängnis aus seiner Freundschaft mit Eberhard Bethge und entfaltete aus ihr seine wichtigsten theologischen Einsichten. In einem seiner Gedichte preist er die Freundschaft mit den Worten:

„Wie ein klares, frisches Gewässer,
darin der Geist sich vom Staube des Tages reinigt,
darin er von glühender Hitze sich kühlt
und in der Stunde der Müdigkeit stählt –
wie eine Burg, in die nach Gefahr und Verwirrung
der Geist zurückkehrt,
in der er Zuflucht, Zuspruch und Stärkung findet,
ist dem Freund der Freund ...
Nicht Befehle, nicht zwingende fremde Gesetze und
Lehren,
aber den Rat, den guten, den ernsten, der frei macht,
sucht der gereifte Mann von der Treue des Freundes.
Fern oder nah,
in Glück oder Unglück
erkennt der eine im andern den treuen Helfer
zur Freiheit und Menschlichkeit"
(Bonhoeffer, WE 201 f).

*Einander als Mann und Frau begegnen*

Ein unersetzlicher Baustein menschlicher Reife im Ordensleben ist die Fähigkeit zu wirklicher Beziehung, zu Freundschaft und Intimität. Das gilt sowohl für die Freundschaft innerhalb einer Ordensgemeinschaft als auch für die Freundschaft zu einer Frau oder einem Mann außerhalb. Während früher die Fähigkeit zur Intimität in Ordensgemeinschaften kaum erlernt worden ist, hat heute die Sensibilität für den Wert der Freundschaft deutlich zugenommen. Die gleichgeschlechtlichen Gemeinschaften der Orden sind zum einen eine echte Chance, neue Formen der Intimität und Vertrautheit untereinander zu lernen und zu leben. Frauengruppen und Männergruppen erfahren heute, wieviel Kraft und Möglichkeiten sie sich innerhalb solcher Gruppen erschließen können. Zum andern gilt es, sich der Grenzen dieser Gruppen bewußt zu bleiben, die eine wesentliche Ebene menschlicher Beziehung außen vor läßt: die unmittelbare, dialogische Spannung zwischen Mann und Frau für das eigene Leben fruchtbar zu machen.

In manchen Ordensgemeinschaften finden sich sonderbare Formen des „Umgangs“ zwischen Mann und Frau, der eigentlich keiner ist. Da kreisen Männergespräche antiphonisch um das Thema Frauen, wobei diese entweder abgewertet werden und als Gegenstand herber Männerwitze herhalten müssen, oder sie sind Thema schwärmender, romantischer Träumereien. Und Ordensschwestern bemuttern ihren Spiritual und schwärmen von Priestern, die ihrem Idealbild entsprechen. Ich hüte mich, solche Fehlformen zu verallgemeinern; denn ich weiß ebenso um viele Beispiele reifen persönlichen Umgangs von Ordensmännern zu Frauen und von Ordensfrauen zu Männern, die auch die Ebene verantwortlich gelebter Erotik nicht fürchten oder unnatürlich tabuisieren.

Gereifte Formen der Begegnung von Mann und Frau im Orden zeigt sich auch in einer partnerschaftlichen Teamarbeit. Wenn Frauen und Männer sich treffen, um sich gemeinsam und engagiert in den Dienst einer großen Aufgabe zu stellen, entsteht Kreativität, Mut zum Wagnis, Lösungskompetenz und neue Gemeinschaft. Wahr ist aber wohl auch, daß in vielen gemischten Teams heimlich immer noch Geschlechterkämpfe ausgetragen werden; da pochen Männer auf ihre größere Kompetenz, da zahlen es ihnen die Frauen heim, indem sie sich in Meinungen verstricken, die nicht mehr zu hinterfragen sind. In sachlicher und fairer, partnerschaftlicher Teamarbeit mit gereiftem, menschlichem Niveau zeigt sich jedoch, daß Mann und Frau einander achten und es nicht nötig haben, subtile Machtkämpfe auszutragen. Sie respektieren sich in ihren Stärken und Schwächen. In solcher Teamarbeit können Ordensleute ihre Bedürfnisse und Wünsche, ihre Würde und Kreativität erfahren und sich in reifer Weise auch als Menschen begegnen.

Ein Geschenk, das man nicht selber machen kann, ist die Freundschaft zwischen Mann und Frau im Orden. Es läßt sich keine Norm daraus erheben, daß zur menschlichen Reife im Ordensleben immer auch dazu gehöre, einen Freund oder eine Freundin zu haben. Wenn es sich jedoch fügt, daß eine klare und ehrliche Freundschaft entsteht, dann ist hier ein Raum gegeben, in dem beide an dieser Freundschaft wachsen können. Sie entdecken neue Möglichkeiten in sich, sie kommen in Berührung mit ihrer Fähigkeit zu lieben, mit ihrer Phantasie, mit ihrer Zärtlichkeit, mit ihrer Sehnsucht, sich zu öffnen.

Kriterium einer reifen Freundschaft im Ordensleben ist immer, daß man sie auch mit einem Dritten anschauen kann. Sonst besteht zu leicht die Gefahr, aus seiner Freundschaft eine Ideologie zu machen, etwa mit dem Hinweis, Gott wolle es so, daß wir glücklich sind und einander lieben. Dann wird der Freund oder die Freundin dazu benutzt, der eigenen Einsamkeit auszuweichen oder die spirituelle Leere zu überdecken. Aber wenn Ordensleute ihre Liebe entdecken und durch ihre Liebe aufblühen, dann können sie eine eigene Kultur der Zärtlichkeit entwickeln, die ohne Eroberungsdrang auskommt, die den andern gelten läßt und ihm immer die Freiheit läßt, die er für sein eheloses Leben braucht.

### *Vom hohen menschlichen Wert der „Produktivität“*

Menschliche Reife wird offenbar und hinterläßt ihre Spuren auch in unserer Leistungsfähigkeit, in der Art, wie wir arbeiten und nach außen tätig sind. Für Abraham Maslow – wir sprachen darüber – gehört zur Reife des Menschen die Produktivität, ein fruchtbares Tun nach außen. Die Arbeit macht einen bedeutsamen Bereich aus, in dem sich der Mensch ausdrückt und darlebt. Es gibt – wie „in der Welt“ – auch Ordensleute, die sich in die Arbeit flüchten, die unermüdlich vor sich hin arbeiten. Von den einen geht viel Werk und Wirkung aus, bei anderen kommt trotz der vielen Arbeit nichts heraus, alles bleibt wirkungslos, unfruchtbar.

Die einen haben Freude an der Arbeit, und man spürt ihnen an, daß ihr Tun aus einer inneren Quelle fließt und für viele gute Frucht bringt. Sie arbeiten, ohne daß sie sich darin verausgaben. Ihre Arbeit ist die Frucht geistlichen Lebens. Thomas Merton (1915–1968) hat nur zwei Stunden am Tag gearbeitet, aber diese zwei Stunden waren so fruchtbar, daß zwei Sekretäre nicht nachkamen, seine Gedanken aufzuschreiben. Andere verweigern die Arbeit, flüchten sich in Krankheiten, oder sie täuschen sich selbst und den anderen den Wunsch nach mehr Meditation vor, um sich in Wahrheit vor den Anforderungen der Arbeit zu drücken. Wieder andere arbeiten ununterbrochen, aber sie sind darin erstarrt. Man kann sich über ihre Arbeit nicht sachlich unterhalten. Sie weigern sich, ihre Arbeit zu überdenken oder gar neu zu organisieren, nach ihrer Sinnhaftigkeit und Effektivität zu befragen. Für sie ist Arbeit wie eine Burg, in die man sich verschanzt.

### *Das schöne schwere Miteinander*

Das Leben in einer Ordensgemeinschaft bedarf nicht selten auch der Arbeit im Miteinander. Aber wie viele weigern sich oder tun sich schwer, mit anderen zusammenzuarbeiten, ihren Part verläßlich zu übernehmen, sich an vereinbarte Termine zu halten, und begründen dies damit, daß sie sich nicht unter Druck bringen lassen können. Aber – ohne zu generalsieren – in Wirklichkeit verbirgt sich dahinter eine narzistische Verweigerung, mit anderen zu kooperieren. Man kann sich nicht auf sie verlassen. Erstaunlich ist vor allem, daß es nicht selten gerade sehr fromme Menschen sind, die sich weigern, sich in ihrer Arbeit auf andere einzulassen, im Arbeitsablauf eines Ordensalltags verläßlich zu sein. In einer solchen Blockade kommt viel unterdrückte Aggression zum Ausdruck. So läßt sich – bewußt oder unbewußt – auf die anderen viel Macht ausüben. So müssen die anderen auf ihr Wohlwollen hoffen, warten, bis es ihnen genehm ist, ihre Arbeit zu tun.

Ein häufiges Phänomen in Klöstern ist dies: Die, die sehr viel arbeiten, sind oft sehr empfindlich gegenüber Kritik. Hier spürt man, daß all ihr Tun keineswegs nur Tugend ist, sondern ein Mittel, sich selbst zu bestätigen und Macht über andere auszuüben, daß sie sich mit ihrer Arbeit nicht in den Dienst Gottes und der Gemeinschaft stellen, sondern in den eigenen, in den Dienst am eigenen Image. Man sucht mittels seiner fleißigen Arbeit Zuwendung und Bestätigung, möchte aber auch von den anderen in Ruhe gelassen werden und sich nicht hinterfragen lassen: „Man arbeitet ja ständig für andere. Die, die so leicht kritisieren, sollen erst einmal selber soviel arbeiten. Dann können sie mitreden." Hinter solchen Argumenten spürt man die Absicht, daß die Arbeit dazu benutzt wird, unangreifbar zu sein, sich in seiner eigenen Welt einzurichten, in der einen niemand kritisieren und in Frage stellen darf. Menschliche Reife und Wahrhaftigkeit spiegelt sich jedoch – im Kontext des Ordenslebens – in einer Art der Arbeit und einer Einstellung zu ihr wider, die Zeichen echter Hingabe und Mitverantwortung und die offen dafür ist, auch einmal gerufen oder hinterfragt zu werden, im aufrichtigen eigenen und im Interesse der Gemeinschaft.

### *Was wir tun, sollte planbar und kalkulierbar sein*

Normalerweise wird nicht wenig in den Klöstern gearbeitet, aber die Arbeit ist häufig nicht wirklich effektiv. Da gibt es viel Widerwillen, nüchtern seine Arbeit durchzukalkulieren und zu planen. Wir Ordensleute sind es nicht nur uns selbst und unseren Gemeinschaften schuldig, mit unserer Arbeitskraft haushälterisch umzugehen und sie effektiv und sinnvoll einzusetzen.

Dem entgegen stehen allerdings manche Unbeweglichkeit und Denkfaulheit, die man zu oft gerade in klösterlichen Arbeitsbereichen antrifft, – ein Signal dafür, daß man nicht wirklich sachlich, mitverantwortlich miteinander redet und rechnet.

Zur überfälligen Gewissenserforschung geben auch folgende Phänomene Anlaß: Über die Arbeit werden indirekte Machtkämpfe gegeneinander ausgetragen, indem man beispielsweise Informationen nicht weitergibt und sich nicht in sein Arbeitsfeld hineinschauen läßt. Da werden unterdrückte, unerfüllte Bedürfnisse heimlich ausgelebt. Da stöhnt man über sein Übermaß an Arbeit. Aber sobald jemand helfen möchte, wird alle Unterstützung verweigert, als brauchte man einen Grund zum Jammern. Da trifft man auf hartnäckige Widerstände, den eigenen Arbeitsbereich einmal objektiv anzuschauen und zu durchforsten. Hinter dem Thema Arbeit verbirgt sich ein weites Feld an Infantilität, wie etwa diese: „Solange keiner weiß, wieviel ich arbeite, kann ich mit gutem Gewissen jammern und mir so (ersehnte) Zuwendung erkaufen.“

In der Art des Arbeitens und der Arbeit spürt man deutlich, ob eine Ordensfrau, ob ein Ordensmann ein wirklich gereifter Mensch ist. Produktivität gehört wesentlich zur menschlichen Reife. Zu oft überfordern sich Ordensleute durch Denkfaulheit mit ihrer Arbeit. Nur keine Veränderung, nur nichts bewegen. Alles soll so weiterlaufen wie bisher. Nur nicht darüber nachdenken, wie man sich und sein Arbeitsfeld besser, effektiver, ausgereifter organisieren könnte. Sachlichkeit, Nüchternheit, Ehrlichkeit wären hier die gefragten Tugenden und Zeichen menschlicher Reife.

In manchen Ordensgemeinschaften hat man erkannt, daß sich über eine gute Arbeitsorganisation die menschliche Zufriedenheit vertiefen läßt, und daß Erfahrungen guter Zusammenarbeit den ganzheitlichen Reifungsprozeß eines Menschen spürbar und beglückend unterstützt. Andernorts bestimmt beispielsweise noch immer die Ideologie das Tagesgeschehen und das Klima, daß man alle Arbeiten mit den eigenen Kräften erledigen könne und möglichst keine Angestellten brauche. Aber groteskerweise wird gerade hier die eigene Arbeitskraft oft nicht sinnvoll eingesetzt. Wenn überqualifizierte Kräfte nur zum Putzen eingeteilt werden, statt ihre Fähigkeiten angemessen zu nutzen, zahlt sich das weder finanziell noch spirituell aus. Angestellten eine Arbeit zu ermöglichen, hat heute zudem mit sozialer Verantwortung zu tun. Und: Angestellte von außen könnten über ihre Arbeit hinaus in einen Konvent durchaus wertvolle neue Ideen einbringen. In manchen Konventen kränkelt man jedoch lieber vor sich hin, als darüber nachzudenken, wie man die Arbeit zwischen Angestellten und Klosterangehörigen so verteilen kann, daß alle Freude an ihrer Arbeit haben und ihre Fähigkeiten optimal einsetzen können.

In diesen – beispielhaft skizzierten – fünf Lebensbereichen kann menschliche Reife wachsen oder auf der Strecke bleiben. Die Frage bleibt, was das Geheimnis des Gelingens ist.

Menschliche Reife ist wesentlich ein Wachstumsprozeß, einer Pflanze vergleichbar. Bei ihr können wir „nur" – aber das ist sehr viel und wahrhaft entscheidend – die günstigsten Bedingungen des Wachsens schaffen: die gute Verwurzelung, das Maß des Gießens zur rechten Zeit, das aufmerksame Unkrautjäten, das wohldosierte Düngen und, wenn sinnvoll, der gute Beschnitt. Alles andere dürfen wir erwarten.

So können wir im Ordensleben auch „nur" – und das ist ganz entscheidend und immens viel – die richtigen Bedingungen schaffen, indem wir uns diesen fünf Bereichen zuwenden, sie durchdenken, sie bearbeiten, uns Rechenschaft geben und die richtigen Weichen stellen.

Dann dürfen wir vertrauen, daß die Zeichen der Reife, wie sie Maslow beschrieben hat, auch bei uns sichtbar und für uns selbst beglückend spürbar werden. Dem hl. Benedikt war darüber hinaus ganz wichtig, daß das geistliche Leben den konkreten Alltag ausnahmslos durchdringt. Reifung ist nicht demnach nur ein innerer Prozeß, sondern braucht äußere Bedingungen, die den Prozeß in Gang halten. Gerade am Konkreten wächst der Mensch zu dem Bild, das Gott sich von ihm gemacht hat.

# 3

# Reife im Miteinander

Es geht im Ordensleben nicht nur um die menschliche Reife des einzelnen, sondern auch um die menschliche und spirituelle Reife der ganzen Ordens- und Klostergemeinschaft. Es gibt reife Orden, Kongregationen und Gemeinschaften, in denen das geistige und geistliche Klima sowie die Atmosphäre des Miteinanders Reife widerspiegelt und in denen man die Weite der Herzen spürt. Gibt es nicht aber auch Gemeinschaften, in denen ein eher kleiner Geist der Infantilität und Enge die Atemluft beschwert? Strukturen und Muster des Denkens, des Empfindens und des Umgangs sind es, die Reife fördern oder behindern, die die Atmosphäre eines ganzen Ordens oder eines einzelnen Konventes prägen.

Zum Ideal und ganz konkreten Alltag des Ordenslebens gehört unabdingbar – zum einen – im Sinne eines fortwährenden Aggiornamento, einer immer wieder geübten Revision de vie der Prozeß des Reifens der ganzen Gemeinschaft, sowie – umgekehrt und zum andern – ist jede klösterliche Gemeinschaft berufen, eine inspirierende Herausforderung zu sein für die einzelnen, um in und an der Gemeinschaft zu reifen. Beide Aspekte wollen wir im folgenden beachten: die Reife und Unreife der Gemeinschaft sowie die Gemeinschaft als Chance des Reifens für den einzelnen.

## Unreife in der Gemeinschaft

Als ein deutliches Erkennungszeichen menschlicher und spiritueller Unreife im klösterlichen Miteinander ist vor allem die Atmosphäre latenten Mißtrauens zu nennen: Alles muß man kontrollieren. Man überläßt dem einzelnen keine freie, eigene Entscheidung. Alles wird zentral geregelt, alles wird vorgegeben. Für Spontaneität und kreatives Aggiornamento, für gute neue Ideen bleibt kein Platz. Gewohntes, Altvertrautes bieten Sicherheit und Übersicht.

Kontrolle bis ins Detail, lückenloses Reglement und Skepsis gegenüber allem, was mit Renovatio und Reformatio zu tun haben könnte, sind jedoch Ausdruck kleingeistigen Mißtrauens. Man traut sich nichts zu und vertraut einander nicht. Wie sollte man da dem Gottesgeist trauen können, der weht, wo man es gerade nicht vermutet? Auch manche Konstitutionen des Ordens- und Gemeinschaftslebens tragen Merkmale des Mißtrauens und – der Unreife. Da ist die Unreife der Ordensmitglieder vorprogrammiert.

Man schaue sich nur einmal die von Rom den Karmelitinnen vorgeschlagenen Konstitutionen an. Hier wird unter dem Deckmantel der Klausur alles bis ins kleinste hinein geregelt, hier ist für eine eigene Entscheidung kein Raum mehr, hier herrscht tiefes Mißtrauen gegenüber den einzelnen. Hier wird Ordensleben mit Kontrolle und Unterwürfigkeit verwechselt. Die vielen Vorschriften, die alles bis ins Kleinste hinein reglementieren, verhindern jedoch die personale Reifung der einzelnen. Da kann der einzelne nur überleben, wenn er sein Leben lang infantil, unselbständig, unterwürfig bleibt. Wie ein Kind muß er/sie dann die „Mutter" oder den „Vater" um alles fragen. Es bleibt kein Raum, in dem die gereifte Verantwortung für sich selbst als Person und für sein Leben in Gemeinschaft eingeübt werden kann.

Die Regel des hl. Benedikt atmet einen ganz anderen Geist. Benedikt traut den Mönchen etwas zu, er vertraut dem guten Kern, während etwa die „Regula Magistri" – zeitlich kurz vor der Benediktregel – der Meinung ist, daß den Mönchen im Grunde nicht zu trauen ist, daß man sie streng reglementieren müsse, sonst brächen sie ständig aus. Ein solches kleingläubiges Mißtrauen hat seine Wurzeln einerseits in einem negativen, pessimistischen Menschenbild: Der Mensch ist im Grunde ein Gauner, man kann ihn nur mit strengen Normen unter Kontrolle halten. Zum andern kommt es oft daher, daß man die eigenen personalen Bedürfnisse verdrängt hat, oder man meint, jeder müsse die gleichen Bedürfnisse oder Nichtbedürfnisse haben wie man selbst. Noch subtiler: Man projiziert seine eigenen verdrängten Bedürfnisse und Impulse auf die andern und bekämpft sie nun lieber bei ihnen als bei sich selbst. Somit muß man – mit allem „notwendigen" Mißtrauen – die anderen kontrollieren, damit sie ja nicht auf die Idee kommen, ihre unersättlichen Bedürfnisse zu befriedigen.

### *Fehlformen von Autorität und Gehorsam*

Solch latentes Mißtrauen führt zu einem Gehorsamsverständnis, das die Unreife geradezu fördert. In manchen Gemeinschaften wird Gehorsam mit Unselbständigkeit verwechselt. Man darf nichts selber entscheiden, sondern muß bei den kleinsten Dingen die Obern fragen: Ihr/sein Wille geschehe.

Der Jesuit Raymond Hostie sagt von solch infantilem Gehorsam: „Wenn der Gehorsam unter dem Vorzeichen eines ‚Die Mutter hat gesagt' geleistet wird, wenn die Armut lediglich so verstanden wird, daß man sich nichts leisten darf, ohne vorher um Erlaubnis gebeten zu haben, ... dann muß das Ordensleben notwendigerweise zu einem Rückfall in das Kindheitsstadium führen" (Hostie, 71). Der einzelne hat es äußerst schwer, ein Gespür für den eigenen Willen und die eigene Verantwortung zu entwickeln, er läßt sich in allem fremd bestimmen. Höchst bedenklich und verhängnisvoll ist zudem, wenn der oberhirtliche Wille des Obern bzw. der Oberin religiös aufgeladen wird: Sein/ihr Wille ist auch der Wille Gottes – eine äußerst bedenkliche Variante menschlicher Unfehlbarkeit. Die religiöse Überfrachtung der Willensäußerung eines Oberen verstärkt das Über-Ich der Gehorsamen und hindert sie daran, ein reifes Gewissen zu entwickeln.

Der belgische Soziologe André Alsteens hat verschiedene Fehlformen des Autoritätsverständnisses in Schwesternklöstern benannt.

Da gibt es zum einen (1) ein fehlgeleitetes, ungesundes Machtstreben, in dem eine Oberin ihren Willen an die Stelle des gemeinsamen Willens setzt.

Ferner (2) benennt er den Persönlichkeitskult, den manche Frauengemeinschaften um ihre Mutter Oberin treiben.

Eine weitere Fehlform sieht er (3) im Matriarchat: „Sie ist der Niederschlag des Versuchs, aus der Kommunität ein getreues Abbild der Familie zu machen" (Alsteens, 100). Oft fordert das Matriarchat einen Gefühlskonformismus. Für Alsteens stellt das Matriarchat „einen Mißbrauch der Macht dar, weil dadurch eine gefühlsmäßige Abhängigkeit geschaffen wird, die unter Umständen sogar zur wirklichen Erpressung ausarten kann" (ebd., 101). Das Matriarchat traut den Kräften der Gemeinschaft nicht: „Es ist dazu angetan, die als schwach und als unselbständig angesehenen Mitglieder der Kommunität nur in ihrer Schwäche und Unselbständigkeit zu bestärken" (ebd., 101). Im Matriarchat kann sich keine Ordensfrau als Frau und Persönlichkeit entwickeln, ihre Unreife ist vorprogrammiert und nur durch Ungehorsam oder Ausstieg zu verhindern.

Eine andere Form des Matriarchats läßt sich daran erkennen, daß man die Gemeinschaft als Mutterersatz, als großen Schoß und warmes, behütendes Nest ansieht. Dann ist das wohlige Gruppenfeeling bei weitem wichtiger als die Entfaltung des einzelnen und als die Veränderung der Gemeinschaft. Die Gemeinschaft ist alles, der einzelne nichts. Was liegt näher als die Gefahr, sich unter die bergenden Flügel der Groß-Mutter zu flüchten und dafür den Preis infantiler Abhängigkeit von dieser Mutter zu zahlen?

Dies gilt nicht nur für Frauen-, sondern ebenso für Männerklöster. Auch da kann die Gemeinschaft zur großen, umhüllenden Mutter werden, von der man alles erwartet. Das kann Ausmaße eines Suchtverhaltens annehmen, das vieles und manchmal alles tut, um zu bekommen, wovon man nicht mehr loskommt. Sucht ist ja nach Theodor Bovet: Mutterersatz. Solange man – im vorwärts drängenden Prozeß menschlichen Reifens – allerdings auf der Stufe der Suche nach Mutterersatz stehenbleibt, wird jedoch jede Ersatz-Mutter unsere anachronistischen Erwartungen enttäuschen. Und genau dann bleibt – die Gefahr ist groß – kein anderer Weg als in die Sucht. Sucht geht – aufgrund ihrer urkindlichen, (noch) natürlichen Wurzeln – als (spätere) Fehlform immer über die Form oraler Befriedigung. Entweder wir benutzen dann die Nestwärme oder den Gabentisch der Gemeinschaft dazu, diese Bedürfnisse zu stillen, oder wir brauchen noch mehr, suchen noch stärkere Drogen wie Alkohol oder Medikamente, Arbeitssucht oder Geltungssucht, um überleben zu können. Eine Ordens- und Klostergemeinschaft kann nur dann gleichsam das Reifediplom für sich in Anspruch nehmen, wenn sie die versucherische Ebene, Mutterersatz zu sein, verläßt und den einzelnen in die Eigenverantwortung entläßt, in die verantwortete Freiheit, das eigene Leben zu leben.

Was das Matriarchat für die Schwesternklöster, ist das Patriarchat für die Männerklöster. Der Patriarch weiß alles besser: Er allein bestimmt, und alle gehorchen. Ähnlich wie es bei (vor allem Familien-) Unternehmensgründungen nicht selten Patriarchen waren und sind, die ihren Betrieb leiten, so gab und gibt es auch in der Gründergeneration von Ordensgemeinschaften Patriarchen, die der Gemeinschaft Halt und Sicherheit garantieren. Wenn aber Gemeinschaften im Fortgang ihrer Geschichte auf dieser Ebene stehenbleiben, bleibt auch der für alles menschliche Wachsen notwendige Stirb- und Werdeprozeß des Reifens aus. Für den einzelnen ist es sogar gefährlich, in einer solchen Gemeinschaft einen Vaterersatz zu suchen.

„Vater" im besten, im ursprünglichen Sinn und zur wirklich rechten Zeit ist – psychologisch gesehen – ja der, der mir als Kind und jungem Menschen Mut macht zum Leben, der mich hinausschickt auf meinen eigenen Weg, der mich immer wieder beispielshaft herausfordert, etwas zu wagen, mich auszusetzen, mich selbst ins Spiel zu bringen: Der Vater stärkt mir in meiner Kind- und Jugendzeit das Rückgrat. Wenn nun junge Männer und Frauen niemanden haben, der ihnen das Rückgrat stärkt, wenn die positive Vatererfahrung fehlt, dann suchen sie – meist und lange unbewußt – nach einem Rückgratersatz. Und dieser ist allzu oft eine Ideologie, auch eine religiöse, spirituelle. Für Theodor Bovet steht Ideologie immer für Vaterersatz. Weil man in sich kein Rückgrat entwickelt hat oder entwickeln konnte, braucht man das Korsett einer Ideologie, um zu überleben.

Wenn sich nun in einer Gemeinschaft ideologische Tendenzen breitmachen, ist dies immer ein Zeichen von Unreife, von Fehlform. Und eine Gemeinschaft, die ideologisch denkt und strukturiert ist, die sich beispielsweise diskussions- und kompromißlos, ja rechthaberisch apologetisch ausschließlich einer einzigen Idee oder Bewegung verschreibt, trägt sektenhafte, absolutistische Züge. Da gibt es nur rückgratlose, folgsam getreue, selbst-lose Menschen. In einer gesunden, partnerschaftlichen Gemeinschaft dagegen kann sich niemand halten, der in einer Ideologie verhaftet und versklavt ist. Wenn jedoch solch ideologieverhaftete Menschen in einer ansonsten lebendigen Gemeinschaft das Sagen bekommen, wird sich all ihre Energie in fortwährenden Grabenkämpfen erschöpfen oder die Gemeinschaft gar auseinanderbrechen. Denn hier gibt es von seiten der Führenden keine dialogischen, ehrlichen Auseinandersetzungen, sondern nur ein Sich-Verstecken hinter ideologischen Positionen und den Streit zwischen Befehl und Gehorsam. Damit ist der (Reife-)Tod einer Gemeinschaft vorprogammiert.

### *Der nagende Mangel an Offenheit und Sprachfähigkeit*

Eine andere Ursache menschlicher Unreife im Ordensleben ist die weit verbreitete Sprachlosigkeit in Konventen, vor allem, wo es um eine faire Streitkultur ginge. Man kann sich nicht wirklich auseinandersetzen, emotionslos, sachlich. Man kann noch weniger miteinander streiten, was ja noch lange nicht heißt, gegeneinander zu kämpfen. Es hat sich keine Streitkultur entwickelt, in der man Konflikte offen ansprechen und austragen kann. Man hat auch kaum eine Sprache, seine Gefühle auszudrücken, über sich und seine Erfahrungen, seinen Glauben, sein Leben zu sprechen. Viele Konvente gehen an ihrer Sprachlosigkeit schier zugrunde. Da gibt es dann noch einzelne, die nach außen hin gute Arbeit leisten. Aber vom Konvent selbst geht kein Leben mehr aus.

Diese Sprachlosigkeit drückt sich nicht nur bei Diskussionen über Ziele einer Gemeinschaft aus, sondern bei jedem Gespräch. Überall schleichen sich zudem unterdrückte, uneingestandene, unausgesprochene Gefühle ein, so daß man nicht sachlich und objektiv eine Sache anschauen und entscheiden kann. In vielen Klöstern gibt es eine besondere Art von Umweltverschmutzung: die Geheimnistuerei. Sie bezieht sich vor allem auf die wirtschaftliche Situation, aber auch auf Mitschwestern und Mitbrüder. Man redet nicht offen, nicht laut, nicht fair, sondern verbreitet lieber Gerüchte. Da gibt es bestimmte Zeiten und Orte im Kloster, etwa beim Kaffeetrinken oder beim Nachtessen, während und an denen man unter – natürlich – vorgehaltener Hand erzählt, was im Kloster so alles schiefläuft. Da wird getratscht auf gleichem Niveau wie an dörflichen Stammtischen.

Um wieviel mehr müßte doch für Ordensleute gelten, was für jeden wirklichen Christen gilt: Sollten sie nicht erlöster aussehen? Und doch: Wie bitter ist die manchmal herbstliche, unterkühlte Atmosphäre in unseren Klöstern? Wir trauen uns kaum zu zeigen, was uns bewegt und zu schaffen macht, weil wir Angst haben, belächelt zu werden oder ob der Kälte und Verschlossenheit manch anderer zu frieren. Worte und Gesten der Zärtlichkeit sind erst recht verpönt, peinlich, von der hochgepriesenen Freundschaft und Liebe der Jüngerinnen und Jünger Jesu allzu selten eine Spur. Es ist schon viel, wenn wir uns echt und herzlich die Hand geben. Aus lauter Scheu vor zuviel Nähe leben wir eher in einer Distanz zueinander, die jedoch jede Herzlichkeit und echte Gemeinschaft verhindert. Freundschaften würden die Mauer der Gefühllosigkeit durchbrechen. Damit aber könnte das ganze Gebäude, auf dem man sein Ordensleben aufgebaut hat, zusammenstürzen.

Und weil man keine Gefühle zeigen darf oder sich zu zeigen traut, ist auch keine Schwäche erlaubt. So verdeckt mancher Ordenschrist seine Schwächen hinter dem Anschein des perfekten Ordensmannes und manche Ordenschristin hinter der Fassade der perfekten Ordensfrau. Aber das Gefühl und die Schwäche, die ich meiner Gemeinschaft vorenthalte, fehlt ihr an ihrer Lebendigkeit und Wahrhaftigkeit. So entsteht allzu leicht eine sterile Atmosphäre, in der alle so tun, als ob sie die

Ideale des Ordenslebens erfüllen, in der jedoch in Wirklichkeit Wesentliches erstorben ist und jede echt spirituelle Suche und gute Sehnsucht nach dem lebendigen Gott abhanden gekommen sind.

Wenn – ein weiterer Aspekt – eine Gemeinschaft (nur) den perfekten Schein wahren möchte, dann geht sie mit den Verfehlungen einzelner meistens auf unreife Weise um. Sie praktiziert das Sündenbockritual, d. h. anstatt im Versagen des einzelnen immer auch eine Anfrage an die Gemeinschaft als ganze zu sehen, schiebt sie alle Schuld auf den einzelnen. Man schlachtet den Sündenbock. Aber das ist unbarmherzig und absolut keine Lösung. Da wächst schon der nächste Sündenbock heran, den man – auf frischer Tat ertappt – wiederum schlachten muß, bis zuletzt die meisten Mitglieder diesem infantilen Sündenbockritual zum Opfer gefallen sind.

Ein konkretes Beispiel: Eine Schwester stahl in ihrer Verzweiflung über ihre geizige Oberin, die bei jeder ihrer Bitten um Geld einen Wutanfall bekam, im Supermarkt ein Paar Strümpfe. Mit dem Supermarkt hatte sie den Vorfall schnell geregelt. Aber für die Gemeinschaft war er eine Katastrophe, ja scheinbar schlimmer, als wenn die Schwester ein Kind bekommen hätte. Der Schein der Fehlerlosigkeit war nun öffentlich zerbrochen. Also wurde der Sündenbock geschlachtet. Aber das bekommt am Ende keiner Gemeinschaft gut. Da geht ihr mit der Zeit ein eigentlich entscheidendes Potential an sensiblen Mitgliedern verloren.

### *Mangelnde Kompetenz und Entschluß-/ Verantwortungsfähigkeit*

Zur Atmosphäre der Unreife in klösterlichen Gemeinschaften trägt auch bei, daß es bei den Obern an Kompetenz mangelt, die erforderlich wäre, um Entscheidungen sach- und personzentriert treffen zu können. Oft klafft außerdem eine große Lücke zwischen der Kompetenz, die jemand in seiner beruflichen Tätigkeit hat, und dessen Unselbständigkeit und Inkompetenz innerhalb der Lebensgemeinschaft. Da trifft jemand in seinem Beruf selbständig und fundiert punktuelle oder weitreichende Entscheidungen. Aber in der Gemeinschaft sieht er sich permanent mit dem Faktum konfrontiert, um alles fragen, um alles die Erlaubnis einholen zu müssen und nicht mitreden zu dürfen bei großen Entscheidungen. Er wird als Arbeitskraft gebraucht, aber als Mensch, der informiert sein und mitreden möchte, nicht geachtet. Solcher Zwiespalt zwischen der Kompetenz und Achtung im Beruflichen und der Infantilität im Gemeinschaftlichen macht vielen zu Recht sehr zu schaffen und zerreißt sie. Sie fühlen sich innerhalb ihres Lebensraumes als Person nicht ernstgenommen und suchen sich daher anderswo Orte der Achtung und Anerkennung.

*Thema Eifersucht und Neid*

Subtilere Zeichen von Unreife im gemeinschaftlichen Zusammenleben sind solche wie: Man klebt gewissermaßen am andern, verhält sich abhängig, bisweilen hörig, muß bestimmte Mitbrüder oder Mitschwestern ständig treffen und mit ihnen reden bis zur peinlichen Vereinnahmung, man benutzt den anderen für sich selbst, ist jedoch nicht fähig zu wirklicher, erwachsener Beziehung in Freiheit. Da kreist jemand nur noch um bestimmte Kontakte, wacht eifersüchtig über jede Zuwendung, die der „Freund" oder die „Freundin" anderen gibt, und übt einen wahren Überwachungsterror aus, damit er selber ja die nötige Aufmerksamkeit bekommt. Manche Oberinnen gehen an solchen subtilen Eifersüchteleien ihrer Schwestern schier zugrunde. Sie fühlen sich wie eine große Mutter, die ihren Kindern nie genug Aufmerksamkeit schenken kann. Wenn sie eines der Kinder übersehen haben, rebelliert es mit Eifersucht, Krankheit oder Arbeitsverweigerung. In einem solchen Kindergartenklima der Eifersucht und des Neides kann von menschlicher Reife keine Rede sein.

## Gemeinschaft als Chance des Reifens

Die Lebensgemeinschaft eines Ordens, eines Klosters könnte bzw. kann für den einzelnen ein Raum sein, in dem lebendiger Austausch und reifende Selbsterfahrung geschehen, ein Raum des Vertrauens, in dem jeder im fairen, menschlichen Miteinander wachsen kann in der Liebe zu sich selbst und zum Nächsten. Die Gemeinschaft erwachsener Frauen und Männer inspiriert den einzelnen immer wieder neu, sich den täglichen Aufgaben und Konflikten zu stellen und an ihnen als Person und Ordenschrist(in) zu reifen. Auch brüderliche, geschwisterliche Kritik – im biblischen Sinne – sind in einem Kreis von Erwachsenen ein kreatives Potential für eine fortschreitende Selbsterkenntnis und Lebensplanung. Wird sie auf der Grundlage von Achtung und Barmherzigkeit geübt, vermag sie Versuchungen vorzubeugen oder abzuwehren, sich in seinem eigenen Lebensgebäude zu verkriechen. Auch die in einer spirituell lebenden Gemeinschaft unvermeidlichen Konflikte zwischen alt und jung oder zwischen konträren Charakteren könnten fruchtbarer Baustoff sein für eine gelingende Streitkultur, die gerade in Klöstern notwendig ist, wo Menschen miteinander leben, die einander nicht ausgesucht, die nicht die Bande der Blutsverwandtschaft oder Freundschaft zusammengeführt haben. Hinzu kommt, daß ich mich als einzelner in einer solchen Gemeinschaft viel radikaler auch mit mir selbst auseinandersetzen kann und muß, als wenn ich alleine lebe.

## *Lernfeld Autoritätskonflikt*

Autoritätskonflikte mit Oberen müssen nicht immer ein Kreuz sein, sondern für manchen auch eine Chance, seine biographische Geschichte mit und sein vorgeprägtes Verhältnis zu Autoritäten, etwa seine Vater- und Muttergeschichte – wenn nötig – aufzuarbeiten, sich mit ihr auszusöhnen. Konflikte mit Oberen können durchaus geeignet und ein fruchtbares Lernfeld sein, ein tiefsitzendes Mißtrauen gegenüber Menschen, insbesondere Menschen in Autoritätsfunktionen, sowie gegenüber Gott anzuschauen.

Es gibt zahllose Menschen – viele auch unter den Ordensleuten –, die an einer Vater- und/oder Mutterwunde leiden. Eine Klostergemeinschaft – als eine Art Großfamilie – ist dazu bestens geeignet, diese oft verdeckten und unbewußten Wunden nach außen, auf die Oberin, auf den Obern oder auf „Geschwister" zu projizieren. Besser, gesünder für alle und vor allem für den einzelnen selbst wäre es, sich seinen Verwundungen – diesen hartnäckigsten Blockaden der Selbstwerdung und Reifung – zu stellen und dem not-wendenden Prozeß des Erkennens, des Verzeihens und Versöhnens Raum zu geben, um ganz man selbst sein zu können.

## *Konflikte als Reifungschance*

Einige Bereiche sollen nun eigens hervorgehoben werden, in denen eine Ordens- und Klostergemeinschaft eine Chance und ein Lernfeld des Reifens sein kann.

Konflikte lassen sich in keiner Gemeinschaft vermeiden. Entscheidend ist, wie wir mit ihnen umgehen. Sie sind geradezu eine Herausforderung, an ihnen zu wachsen. Dazu bedarf es jedoch bestimmter Voraussetzungen. Ich muß (1) erst einmal willens und fähig sein, Konflikte wahrzunehmen. Manch – vor allem fromme – Weggefährt(inn)en gehen lieber mit einer rosaroten

Brille durchs Leben, um Konflikte nur ja nicht sehen oder sich ihnen stellen zu müssen. Sie harmonisieren und verharmlosen unentwegt, schauen zielgerade in eine Richtung, nur nicht dahin, wo Konflikte auftreten: „Was nicht sein darf, das gibt's auch nicht", sagt Vogel Strauß und steckt den Kopf in den Sand.

(2) Zum andern muß ich mich trauen, latente, verdeckte oder offenkundige Konflikte zu benennen und anzusprechen, und zwar gegenüber denen, mit denen es Probleme gibt. Die Versuchung ist gewiß nicht nur in Klöstern groß und verlockend, über Probleme und ihre Verursacher nur dann zu sprechen, wenn die oder der Gemeinte nicht anwesend ist. Das schafft mit Sicherheit eines: eine atmosphärische und soziale Umweltverschmutzung. Die Beteiligten solcher Klatschrunden müßten wissen, daß – bei gegebenem Anlaß – vermutlich genauso auch über sie selbst gesprochen wird, wenn man selber nicht anwesend ist. Von einer fairen, gereiften Streitkultur weithin keine Spur! Man leidet zwar an den Konflikten, scheut aber, der Wahrheit in einer offenen und ehrlichen Auseinandersetzung mit dem/der/den Betreffenden das Wort zu geben. Damit dies möglich ist, braucht es in der Gemeinschaft ein Klima des Vertrauens, das mit Sicherheit nicht vom Himmel fällt, sondern von allen Zugehörenden erschaffen und sorgfältig gepflegt werden muß.

(3) Eine weitere Voraussetzung einer angstfreien Konfliktkultur in einer Gemeinschaft ist die, daß ich sachlich, fair und wertfrei über ein Problem spreche, d.h. daß ich Person und Sache unterscheide. Oft mag ein solch sachliches Gespräch erst möglich sein, wenn Raum dafür war, erst einmal berechtigten Unmut von der Seele reden und Kritik äußern zu können. Die Oberen sollten klug und offen genug sein, diesen Raum nicht unwillig zu verweigern oder auf auch emotional geäußerten Unmut persönlich betroffen zu reagieren, statt die berechtigten Anliegen herauszuhören.

(4) Ein weiterer Aspekt betrifft diskussionsbedürftige Entscheidungen. Es ist wichtig, einem Konvent Projekte, die nicht ohne weiteres übereinstimmende Meinungen erwarten lassen, nicht gesprächslos zur Abstimmung vorzulegen, sondern erst eine Phase des gemeinsamen Überlegens vorzuschalten. Wenn sich die Konventualen in einer oder mehreren Sitzungen über das Projekt austauschen und sich zwischen den Gesprächsrunden immer wieder informieren konnten, dann erst können sie so abstimmen, daß sich die Minderheit nicht als Verlierer fühlen muß. Jede Kampfabstimmung, bei der es Sieger und Verlierer gibt, tut einem Konvent nicht gut. Niemand möchte das Gefühl haben, verloren zu haben. Nur wenn sich jeder mit seiner Meinung gehört und ernstgenommen fühlt, kann er auch Entscheidungen konkret mittragen, die er so selber nicht gefällt hätte.

Konflikte dürfen auf keinen Fall verdrängt werden. In manchen Ordensgemeinschaften kehrt man sie jedoch lieber unter den Teppich. Aus einem ängstlichen Harmonisierungsbedürfnis heraus weigert man sich, Konflikte offen anzuschauen. Konflikte sind aber immer auch eine Chance, unsere Phantasie zu inspirieren und nach besseren Lösungen zu suchen. Sie zeigen in der Regel, daß bisherige Lösungen noch nicht greifen. Es gibt jedoch auch Konflikte, die nicht durch einen kreativen Kompromiß zu lösen sind. Wenn Menschen unterschiedlichen Alters und vielfältiger Charaktere zusammenleben, können sich durchaus Konflikte anstauen, die nicht gänzlich lösbar sind. Aber auch dann kommt es darauf an, wie wir mit ihnen umgehen. Solche unlösbaren Konflikte dürfen uns nicht lähmen. Sie müssen mit offenen Augen und verständigem Herzen wahrgenommen und ausgehalten werden. Sie können auch eine geistliche Herausforderung sein, meinen Lebensgrund nicht nur im friedvollen Miteinander mit jedem Mitbruder oder jeder Mitschwester zu suchen, sondern in Gott. Damit spreche ich nicht für ein „spiritual bypassing", mit dem man Konflikte überspringt. Zunächst muß ich alles versucht haben, Probleme zu lösen. Aber wenn dies unmöglich ist, bleibt mir noch der Weg, an ihnen geistlich zu wachsen. Ich spüre vielleicht, daß ich es hier nur sinnvoll aushalten kann, wenn ich meinen tiefsten Grund in Gott weiß, und wenn ich mich mit meiner Ohnmacht, mit diesem Mitbruder oder jener Mitschwester auszukommen, Gott hinhalte. Dann erinnern mich unversöhnliche Konflikte immer wieder daran, mich und allen guten Willen wirklich ganz und gar auf Gott zu werfen und in Ihm mein Heil zu suchen.

### *Autorität als Reifungschance*

Ein – verhängnisvolles und zugleich verlockendes – Hindernis auf dem Weg menschlichen Reifens begegnen wir bei jenen, die eine infantile Symbiose mit ihrer Ordensgemeinschaft eingegangen sind. Sie unterlassen jede Kritik „aus Angst vor dem Geborgenheitsverlust und dem strafenden Blick der Mutter" (Stenger, 41). Wenn dies zutrifft, ist die Gemeinschaft zum Objekt der Suche nach der nie gefundenen Mutter, zum Mutterersatz geworden, und der/die Suchende hat noch immer das unerfüllte, verletzte Kind in sich, das sich nach der Geborgenheit und Liebe seiner Mutter sehnt, sie aber als Erwachsener in einer Gemeinschaft Erwachsener nie finden wird.

Nicht weniger häufig trifft man auf das Gegenteil: auf „die humorlose Opposition und Rebellion" gegen die Oberen, gegen die vorgegebenen Strukturen der Gemeinschaft. Da wird die – ebenso unerfüllte und für die (in der Jugendzeit) natürliche Ablösung notwendige- pubertäre Opposition gegen die Eltern heute auf einer nun anderen Ebene fortgesetzt. Diese Art latenter Rebellion hat nichts mehr mit konstruktiver Kritik zu tun, die angemessen ist und aufbaut, sondern hinter ihr verbirgt sich eine Unzufriedenheit, deren Wurzeln in eine Lebensgeschichte zurückreichen, die oft viele Jahre zurückliegt, noch unerlöst ist und nicht selten therapeutischer Hilfe bedürfte, solange man in der Gemeinschaft immer noch die Mutter oder den Vater sieht und sucht, gegen die man rebellieren muß. Manch einer hat seine Autoritätsprobleme aus der Kindheit ins Kloster mitgebracht und agiert sie unbewußt weiter aus, indem er gegen alles opponiert, was „von oben" kommt. Solche Menschen merken oft gar nicht, daß sie aufgrund ihrer unerlösten widerständigen Grundhaltung nicht wahrnehmen, worum es eigentlich geht. Ihre Autoritätsprobleme im Orden haben mit einem tiefen Mißtrauen zu tun, das meist in einer negativen, autoritären Vatererfahrung und in alten Wunden des Ungeliebtseins seinen Ursprung hat. Hinzu kommt noch, daß sie ihre alte, ungehörte Rebellion sowie ihre alte, unerfüllte Liebessehnsucht und ihren Drang nach (notwendiger) Selbstwerdung nicht nur auf die Ordensoberen und die Gemeinschaft projizieren, sondern auch auf Gott, so daß sie nicht nur ein Gehorsamsproblem plagt, sondern auch ein friedloses Glaubensproblem.

Erfahrungen mit Autorität und Autoritätspersonen können im Prozeß der Selbstwerdung und des Reifens eine große Chance sein, wenn ich sie beispielsweise dazu nutze, mir helfen, mich – wenn dies noch nicht wirklich geschehen ist – von den Eltern und ihrer inneren, mich in meinem Wachsen hemmenden Autorität und Macht, die sich als normatives Über-Ich in mir festgesetzt haben, zu lösen. Der Ordensobere ist nicht ein neuer Vater oder die Oberin eine zweite Mutter, sondern sein bzw. ihr Amt fordert mich heraus – und zwar unter dem Aspekt jenes Prozesses –, aufmerksam zu sein, ob die Motive meines Handelns und Empfindens wirklich der glaubende und vernünftige Gehorsam Gott gegenüber ist, ob ich mich in meiner Arbeit und in meinem Leben in Gemeinschaft mit anderen wirklich von Gott leiten lasse oder aber von irgendwelchen Launen und Stimmungen. Dieser Gehorsam macht nicht unmündig, sondern hat zum Ziel, genauer hinzuhorchen, was mich bewegt. Entscheidungen muß immer ich selbst fällen. Als erwachsener Mensch darf ich sie nie dem Obern bzw. der Oberin überlassen. Vielmehr ist es meine unübertragbare Aufgabe, mein Tun selbst zu verantworten. Dazu gehört die Wahrhaftigkeit mir selbst gegenüber und die Rechenschaft darüber, von welchen Motiven ich mich leiten lasse und ob ich bereit bin und den Selbststand habe, mich von meiner Gemeinschaft und von Gott in Dienst nehmen zu lassen, oder ob ich im Grunde nur mich selbst suche und meinen Vorteil.

### *Gemeinschaft braucht Gemeinschaftlichkeit*

Als wir den Zeichen der Unreife einer Ordens- bzw. Klostergemeinschaft nachgingen, war von der Unselbständigkeit ihrer Mitglieder die Rede, die eine ihrer Ursachen in einer zu starken Reglementierung von oben haben kann. Dieses Thema hat jedoch noch eine Kehrseite: Jede Gemeinschaft braucht auch Formen des Miteinanders, die für alle gelten und für jeden verbindlich sind. Auch Familien geben sich für ihr Zusammenleben Regeln, an die sich jeder hält, damit ein echtes Miteinander möglich ist.

Die Abtei Münsterschwarzach hat sich in den letzten Jahren mit ihren „consuetudines“ auseinandergesetzt, also mit den Regeln, die etwa für den Umgang mit Geld, für den Urlaub, für den Ausgang und für das alltägliche Leben im Kloster gelten sollen. Bei unseren Überlegungen, ob wir unserem Leben gemeinsame Regeln geben oder ob wir alles dem Gutdünken jedes einzelnen überlassen wollen, kamen wir an wichtige geistliche Themen. Wir spürten, daß dies nicht nur äußere Regeln sind, sondern sich an ihnen zeigt, wie verbindlich wir uns auf diese konkrete Gemeinschaft einlassen, wie verläßlich wir sein wollen, wie offen und wie ehrlich wir miteinander umgehen: Bin ich bereit, mein Leben mit meinen Brüdern (bzw. Schwestern) verantwortet zu teilen, oder reserviere ich mir genügend Nischen, in die ich niemandem Einblick gewähre? Der Austausch mit den evangelischen Schwestern vom Schwanberg zeigte uns, daß das wirkliche, konkrete Miteinander eine starke Herausforderung ist für die eigene Klarheit und Ehrlichkeit. Die Schwestern vom Schwanberg teilen ihr Leben, ihre Finanzen, ihre Zeit, ihre Gefühle wesentlich stärker miteinander als wir.

Dies ist für uns eine Anfrage, wie wir die Chance der Gemeinschaft für unsern Reifungsprozeß – als Konvent und einzelne – wahrnehmen wollen. Gregor der Große (um 540–604) sah die größte Gefahr im geistlichen Leben darin, sich in die Privaträume seiner eigenen Gedanken und Phantasien zurückzuziehen, in die ich weder Gott noch die Menschen eintreten lasse, in denen ich mich weigere, mein Leben mit Gott und mit den Menschen zu teilen.

### *Einsamkeit und Gemeinschaft*

Man hört in Klöstern immer wieder ein Jammern über die Einsamkeit. Vor allem abends macht das Alleinsein zu schaffen. Gerade junge Menschen, die heute in einen Orden gehen, erwarten vor allem die Geborgenheit und Gemeinschaftlichkeit der Gemeinschaft und sind allzu oft enttäuscht, sich allein zu fühlen. Hierin liegt sicher eine Anfrage an unser Ordensleben: Bietet es genügend Raum für Geborgenheit und Offenheit. Aber – zum Gelingen gemeinschaftlichen Lebens gehört auch ein gutes Maß an Einsamkeit. So paradox es klingen mag: Nur wenn ich gerne allein bin, allein sein kann, werde ich auch gerne in der Gemeinschaft und gemeinschaftsfähig sein.

Vor allem ist die Fähigkeit und Erfahrung der Einsamkeit bedeutsam für das geistliche Leben. Religion sei das, was jeder mit seiner Einsamkeit anfange, sagte der evangelische Theologe Paul Tillich.

Ein Weiteres: Ordensleute, die ständig jammern, keinen Freund bzw. keine Freundin zu haben, würden mit ihren hochgeschraubten, angestauten Erwartungen jeden Freund und jede Freundin überfordern. Auch sie können nicht alle meine Wünsche und Bedürfnisse erfüllen. In der Einsamkeit muß ich mich immer wieder fragen, woraus ich eigentlich lebe. Sie ist eine spirituelle Herausforderung und stellt mich vor die Frage, wohin meine tiefste Sehnsucht geht, ob ich mich wirklich ganz dem faszinierenden und doch manchmal auch erschreckenden Gott anheimgebe, ob ich im Tiefsten diesem Gott gehören will, oder ob es mir doch wichtiger ist, mich wohlzufühlen.

### *Enttäuschung durch die Gemeinschaft*

Jede Gemeinschaft wird mich in meinen Erwartungen enttäuschen, auch wenn sie sich noch so sehr um ein menschliches, offenes Miteinander bemüht. Wir leben in einer Klostergemeinschaft immer in der Spannung, einerseits das Reich Gottes in einem lebendigen Miteinander zu erfahren, die Gemeinschaft als Ort der Gotteserfahrung zu erleben, und anderseits von der Gemeinschaft desillusioniert und verletzt zu werden. Wir alle haben in uns hohe Ideale davon, wie eine Gemeinschaft sein sollte, daß ich mich in ihr immer geborgen und angenommen fühle, daß in ihr eine große inspirierende Kraft lebendig ist, gemeinsam Gott zu suchen, daß in ihr ein gutes geistliches und menschliches Klima herrscht. Jede Gemeinschaft von Männern bzw. Frauen mit unterschiedlichen Werdegeschichten, unterschiedlichen Charakteren und Neigungen wird diese Erwartungen und Ideale nie ganz erfüllen können, sondern auch enttäuschen. Enttäuschungen sind aber wiederum eine Chance existentieller und geistlicher Reifung. Denn sie rufen mich, weiter auf dem Weg zu Gott voranzuschreiten. So mag auch das Herz der Ordensleute unruhig sein, bis es seine Ruhe hat in Gott (Augustinus).

So hält mich die Gemeinschaft, in der ich als Ordenschrist lebe, in zweifacher Weise lebendig auf dem Weg zu Gott. (1) Sie spornt mich an, Gott zu suchen. In gemeinsamer Liturgie, in gelungenen Gesprächen, in menschlicher Atmosphäre kann ich etwas von Gottes Nähe spüren. Für die frühen Christen war die Erfahrung der bunten Gemeinschaft aus Juden und Griechen, aus Herren und Sklaven, aus Männern und Frauen, aus Jung und Alt ein Zeichen, daß das Reich Gottes in Jesus Christus wirklich gekommen ist. So mag Gemeinschaft auch für uns möglichst oft zum Hinweis werden, daß Gott wirklich am Werk ist. (2) Zugleich aber werden wir immer wieder spüren, daß sich auch eine klösterliche Gemeinschaft bei allem besten Willen nicht zu einer absolut idealen, zu einem kleinen himmlischen Jerusalem formen läßt. Sie wird mal mehr, mal weniger hinter meinen Idealen, Wunschbildern und Sehnsüchten zurückbleiben. So erinnert sie mich gerade in ihrer Unzulänglichkeit immer neu daran, mich nicht damit zufrieden zu geben, nur das eine zu suchen: mich in ihr wohlzufühlen. Es kommt vielmehr darauf an, in den Brunnen meiner Enttäuschungen, in Gott hinein zu springen und dort das wahre Reich des Friedens und der Liebe zu erspüren, in dem allein ich wahrhaft geborgen und geliebt bin und mein Herz zur Ruhe kommt.

### *Die „heilige“ Selbsteinschätzung*

Wir erleben in der Kirche, wie schnell einzelne zu Stars werden und einen Fanclub um sich sammeln. Da ist ein begnadeter Jugendseelsorger, der es vermag, die Jugend um sich zu scharen, aber nicht merkt, wie sehr er sie auch für sich selbst und sein Image braucht. Da ist eine Schwester, die ein neues Projekt leitet und von der Presse hochgejubelt wird. Sie ist so fasziniert von ihrer Wichtigkeit, daß sie in der Gemeinschaft unerträglich wird. Psychologisch gesehen sind die Fans immer eine Art Tod des Stars. Sie fressen ihn gleichsam auf, treiben ihn immer wieder über ein realistisches Maß der Selbstwahrnehmung hinaus. Unsere Gemeinschaft möge uns daran hindern, zum Star zu werden, möge uns ein offenes, aber auch neidloses Korrektiv sein, die eigenen Grenzen im Auge zu behalten. Sollten wir abheben und dazu neigen, von uns selbst begeistert zu sein, möge sie uns wieder kritisch und wohlwollend auf den Boden des wirklichen Lebens zurückholen.

Auch ehrliche, emotionslose Kritik durch die Gemeinschaft tut oft weh, kann aber auch ein wichtiger Baustein in unserer Werdegeschichte sein, wenn sie hinterfragt, ob uns die Motive unseres Empfindens und Denkens sowie unserer Selbsteinschätzung immer ganz klar sind. Das Fatale ist ja, daß viele begnadete Prediger, Projektleiter, Krankenschwestern, Seelsorger usw. so fasziniert sind von dem Lob und der Bewunderung, die ihnen entgegengebracht werden, daß sie dabei kurzsichtig werden für die eigenen Grenzen. Und irgendwann, wenn sie plötzlich dem Spiegel ihrer inneren Wahrheit begegnen, können sie die Stimme nicht mehr überhören, die sie wissen läßt, daß ihr Werk auf dem Flugsand brüchiger Motive gebaut ist. Vor allem aber sind solche „Stars" innerhalb einer Gemeinschaft oft nicht zum Aushalten. Sie selbst meinen, alle anderen würden ihre Fähigkeiten anerkennen, nur die Gemeinschaft nicht. Gewiß gibt es auch Neid in Gemeinschaften, der es nicht akzeptieren kann, daß einzelne besonders begabt sind. Aber das andere scheint mir wesentlich entscheidender: Die Gemeinschaft kann ein wichtiges Regulativ für uns sein, das uns hilft zu sehen, wo wir wirklich im Dienste Gottes stehen und wo wir für unseren eigenen Namen arbeiten. Die wirklich Großen machen weder Aufhebens noch Redens von sich.

In unserer Kirche besteht heute die Gefahr, daß Leute, die eine neue, ansprechende Sprache gefunden haben, vereinnahmt und öffentlich gehandelt werden. Auch das kann eine Art Tod des einzelnen sein. Denn dies ist die noch größere Gefahr: Er wiederholt immer wieder, was er einmal gesagt hat und was so gut angekommen ist. Aber er entwickelt sich nicht mehr weiter. Er bleibt stehen, und irgendwann kann man seine Worte nicht mehr hören. Auch hier leistet die Gemeinschaft einen wichtigen Dienst: Sie fordert den einzelnen heraus, weiter auf dem Weg zu bleiben, sich nicht auszuruhen auf glanzvollen Ideen. Das Leben in und mit ihr mag der Prüfstand sein, ob seine Gedanken nur schön sind oder ob sie wirklich gelebt werden können, zuallererst von ihrem Verkünder selbst. Wenn ein Mitbruder im eigenen Konvent predigt, ist er wesentlich vorsichtiger in seiner Sprache. Die anderen werden ihn fragen, wie er das denn selbst mache mit dem, was er gesagt hat, wie das denn mit seinem Leben übereinstimme. So zwingt uns die Gemeinschaft in einem guten Sinne zur Wahrhaftigkeit und Ehrlichkeit und hindert uns daran, auf dem Werdeweg stehenzubleiben. Sie hält uns lebendig.

### *Die „correctio fraterna“*

In der Tradition des Mönchtums ist lange Zeit die „correctio fraterna“ geübt worden. Die Mitbrüder oder die Mitschwestern machen einander aufmerksam, wenn ihnen etwas beim andern aufgefallen ist, wenn sein Verhalten fragwürdig erscheint. Heute tun wir uns in den Orden schwer damit, einander geschwisterlich zu „kritisieren“. Die Empfindlichkeit der einzelnen ist oft so groß, daß sich kaum einer traut, den andern auf Fehler aufmerksam zu machen. Da erwartet man dann vom

Obern, daß er die einzelnen zurechtweise. Damit aber wird der Obere in eine Rolle gedrängt, die weder ihm noch der Gemeinschaft guttut. Eine Gemeinschaft hätte sich eine wichtige Chance vergeben, wenn in ihr nicht Raum und der Geist wäre, einander Anerkennung zu sagen, aber auch „correctio“. Wo sonst, wenn nicht hier? Selbstverständlich darf Kritik nicht aus Neid oder aus irgendwelchen Ressentiments entspringen, sondern aus echtem Interesse und herzlicher Sorge für den andern. Leichter, aber auch billiger wäre es, über die Fehler des anderen hinwegzusehen oder in seiner Abwesenheit spöttisch über ihn zu reden. Wenn wir uns aber die gegenseitige geschwisterliche Korrektur nicht zumuten, vergeben wir einander eine große Chance, an unseren Grenzen und unserem Schatten zu wachsen. Wenn ich den anderen immer nur schone, nehme ich zwar seine Schwächen ernst, aber nicht seine Person. Erst wenn ich ihm verantwortet und mit Bedacht auch die „correctio“ zumute, achte ich ihn in seiner Persönlichkeit – und umgekehrt. Im Interesse jedes einzelnen wie der Gemeinschaft als ganzer wäre Entscheidendes gewonnen, wenn Ordensleute die „correctio fraterna“ nicht als lästige und peinliche Tugend betrachteten, sondern als Ausdruck der Achtung, Aufmerksamkeit und Wertschätzung sowie eines gereiften Klimas der Brüderlichkeit, was gar nicht so leicht ist.

### *Umgang mit Schuld*

Früher gab es – ältere Ordensleute werden sich noch erinnern – in den Klöstern regelmäßig die „culpa“. Man kam zusammen und klagte sich voreinander an, wenn man etwas getan hatte, das Anstoß bei den anderen erregt haben könnte. In vielen Gemeinschaften war diese Form des Schuldbekenntnisses zu einem floskelhaften Ritus erstarrt. Man klagte sich wegen belangloser und infantiler Dinge an, die häufig auch der Komik nicht entbehrten. Aber die eigentlichen Ärgernisse wurden nicht angesprochen. Nach dem Zweiten Vatikanischen Konzil (1962–1965) hat man dann überall diese überlebte Form der „culpa" ersatzlos abgeschafft. Aber bald spürte man, daß eine klösterliche Gemeinschaft eine Form braucht, wie sie mit Verfehlungen umgeht. Wenn sie über alle Unzulänglichkeiten und Fehler hinwegsieht, entsteht – wie auch sonst im Menschlichen – mit der Zeit ein Sog mit einer eigenen negativen Dynamik und Energie, die die Atmosphäre überschattet. Wenn man echtes Versagen nicht mehr ansprechen kann und es keine Form der Zurechtweisung mehr gibt, höhlt dies auf Dauer den Geist sowie das personale und spirituelle Niveau einer Lebensgemeinschaft aus, und die Gemeinschaft gerät in Gefahr, zu einer hotelähnlichen Einrichtung zu verkommen.

Viele Gemeinschaften haben inzwischen neue Formen der „culpa" für sich entwickelt. Sie findet meist in kleinen Gruppen statt. Hier kann leichter eine Atmosphäre entstehen, in der einzelne vor den anderen darüber sprechen können, was ihnen leid tut, wofür sie sich entschuldigen möchten. Dies schafft untereinander mehr und mehr ein Klima des Vertrauens sowie eine Atmosphäre der Versöhnung, in der man seinen Ärger über manche und manches vergessen kann.

Wenn ich meine wirkliche unübersehbare Schuld nie anspreche, nie offen-kundig mache, ärgern sich andere über meine Fehler oder Versäumnisse und fressen womöglich den Ärger über mich mehr und mehr in sich hinein. So entsteht – aufs Ganze gesehen – in meiner Gemeinschaft eine gereizte Atmosphäre, in der – ob angemessen oder nicht – bei jedem kleinen Nadelstich Explosionen folgen. Das Ansprechen von Versagen und Schuld reinigt – auf wirklich manchmal wunderbare und beglückende Weise – die ganze Atmosphäre und erzeugt ein Klima, in dem Versöhnung, Herzlichkeit – und Reifung möglich werden. Ein Beispiel für vieles:

Wenn der Bruder, über den die anderen ständig schimpfen, weil er nie im Chor erscheint, in der „culpa" erzählt, wie schwer es ihm mit dem frühmorgendlichen Aufstehen ergeht und in welcher inneren Situation er sich gerade befindet, dann kann ich ihn auf einmal mit anderen, gleichsam mit seinen eigenen Augen sehen, dann ärgert mich sein Fernbleiben nicht mehr, sondern erinnert mich an ihn und seine innere Krise.

### *Gemeinsam auf dem Weg bleiben*

Sowohl menschlich wie spirituell ist wohl niemand davor gefeit, auf seinem Weg des Werdens und Reifens zu stagnieren, vor allem dann, wenn jemand allein lebt. Und es gibt auch Gemeinschaften, die als ganze geistlich und menschlich erstarrt sind, in denen sich nichts mehr bewegt, sondern Routine und winterliche Kälte die Tage bestimmen, an denen jede(r) ihren/seinen Teil hat. Wenn es gut geht, erweist sich die Ordens- und Klostergemeinschaft jedoch als ein Lebensraum, in dem – und nicht selten über den hinaus – sich Frauen bzw. Männer gemeinsam auf einen Weg machen und dabei lebendig bleiben.

Dieser gemeinsame Weg kann sich auf die großen existentiellen Fragen unserer Zeit beziehen. Wir beraten und tragen Ideen zusammen, wie wir heute als Ordensleute auf die Zeichen und Herausforderungen unserer Zeit, auf ihre tiefen Nöte und Sehnsüchte antworten können. Wir gehen der bewegenden Frage nach, was die Probleme und Hoffnungen unserer Zeit für unser gemeinsames Leben bedeuten. So entgehen wir der Gefahr, uns als klösterliche Gemeinschaft hinter Mauern der Stille oder „innerbetrieblichen" Geschäftigkeit zu isolieren und einzurichten. Wenn Ordensgemeinschaften jede „moderne" Bewegung postwendend abqualifizieren, ist dies immer auch ein Zeichen dafür, daß sie nicht mehr wirklich und lebendig – „Prüfet *alles,* und behaltet das Gute!" – auf dem gemeinsamen Weg sind, sondern sich eingerichtet haben in ihrer Ordensideologie oder in den Werken, die sie aufgebaut haben.

Der hervorragende Dienst einer Ordens- und Klostergemeinschaft muß es sein, einander anzutreiben, spirituell und menschlich mittem im Hier und Jetzt unterwegs zu sein und zu bleiben. Es kann keineswegs genügen, wenn jede(r) treu und fraglos ihre/seine Meditationszeiten hält. Der frag-würdige Impuls muß auch hier vielmehr sein, ob mein geistliches Leben – in seiner Weise und seinen Formen – meiner momentanen Situation entspricht, ob ich auf meinem spirituellen Weg weiterwachse oder ob ich mich in einem geistlichen System zur Ruhe gesetzt habe, das mich in Wahrheit erstarren und den Schlaf der Gerechten schlafen läßt. Aufgabe, Dienst und Angebot der Gemeinschaft muß es sein, gemeinsam über Glauben und spirituelle Wege zu sprechen. Das ist etwas Großes und nicht zu Überschätzendes.

Analog gilt all dies auch für die persönliche Reifung. Wie alles Lebendige will auch Menschein und Christsein wachsen und sich entfalten zu immer höheren und reiferen Stufen, und der dunkle Feind alles Werdens ist die Versuchung, auszuruhen auf Erreichtem und Gewohntem. Es gilt um unseretwillen, den Ruf und die Herausforderung jeder Lebenszeit neu annehmen. Der Beginn in jungen aufbrechenden Jahren ist eine solche Herausforderung, dann wieder die Unruhe und Nachdenklichkeit der Lebensmitte, anders und mit neuer Dringlichkeit die ganz neuen Lebensthemen des Alterns und des Alters. Wo, wenn nicht hier – in der Gemeinschaft – können wir uns darüber austauschen, was uns gerade bewegt, was sich in uns tut? Das macht uns sensibel und phantasievoll für unseren inneren und äußeren Weg. Aufgabe und Angebot der Gemeinschaft wäre es gerade, einander wachzuhalten, damit wir uns nie mit Erreichtem zufrieden geben, sondern feinfühlig zu bleiben für jeden guten Impuls, für das, was Gott mit jedem einzelnen vorhat, welche menschlichen und spirituellen Lebens- und Erfahrungsmöglichkeiten er für ihn bereithält.

Bei unseren Konventstagen in der Abtei Münsterschwarzach haben wir uns in kleinen Gruppen auch einmal darüber unterhalten, welche persönlichen Rituale jeder hat, wie er seinen Tag beginnt und beschließt. Es war hochinteressant zu hören, welche Rituale da morgens und abends auf der Bettkante vollzogen werden, wie vielfältig das Leben der einzelnen ist. Ein anderes Thema unseres Austauschs war, wie jeder mit seinen Krisen umgeht, mit Lebenskrisen oder mit den täglichen Problemen, mit Konflikten, Überforderungen oder Verletzungen. Diese Gespräche des Leben-Teilens haben uns einander persönlich näher gebracht – und haben uns gezeigt, daß wir uns nie ausruhen können auf bisher Erreichtem. Jeder muß immer wieder neu nach Wegen suchen, sich den täglichen Herausforderungen und Impulsen zu stellen, die ihm die Gemeinschaft anbietet. Ähnliche Erfahrungen hat die Schwesterngemeinschaft von Neustadt am Main gemacht, die sich regelmäßig zu Austausch und Revision de vie trifft.

Sinn einer Klostergemeinschaft kann es nicht sein, ihren Mitglieder nur ein Sich-wohlfühlen zu vermitteln. Ihr Sinn und Ziel ist vielmehr, einander Tag für Tag herauszurufen, verläßliche, reife, ehrliche und liebevolle Wege des Miteinanders zu gehen, Mißverständnisse zu klären, die sich eingeschlichen haben, Konflikte zu lösen und vor allem: uns in Gott zu verankern. Denn wir können in einem Orden und in einer Klostergemeinschaft auf Dauer nur gut leben, wenn wir uns von ihr immer wieder auf Gott verweisen lassen als das eigentliche Ziel und den letzten Grund unseres Lebens.

# 4

## Reife-Tugenden der Gemeinschaft

Hier soll es nun um Eigenschaften und Grundhaltungen gehen, die für die menschliche und spirituelle Erfüllung von Frauen oder Männern in Ordens- und Klostergemeinschaften entscheidend sind. Es gibt Gemeinschaften, in denen es hinsichtlich ihrer Atmosphäre, ihrer Strukturen und Umgangsweisen an solchen Reifetugenden mangelt, in denen es daher auch für den einzelnen nicht leicht ist, sich persönlich zu entfalten und als christlicher Mensch zu reifen. In anderen Gemeinschaften spürt man sofort, daß hier auch die einzelnen in ihrem Person- und Unterwegssein auf einem Werdeweg als Mensch und Ordenschrist alle Chancen finden.

Eine lebendige Gemeinschaft zeichnet sich zunächst dadurch aus, daß sich die ihr Zugehörenden wohl- und zu Hause fühlen. Ihre Beziehung untereinander ist geprägt von Vertrauen und Sympathie, von Interesse füreinander und der Erfahrung, willkommen zu sein, von der freundschaftlichen Atmosphäre, die sich nährt aus dem Wissen, miteinander – menschlich und spirituell – einen gemeinsamen Weg zu gehen. Jeder darf sein, wie er ist.

Bei den Dominikanerinnen in Neustadt ist es beispielsweise Brauch, daß eine Schwester, die vom Urlaub oder einem Einsatz zurückkommt, von allen willkommen geheißen und herzlich umarmt wird: ein herzliches Zeichen des emotional offenen Klimas dieser Lebensgemeinschaft. Eine Gemeinschaft Erwachsener ist kein Nest, in das man sich verkriecht und sich in ihm behütet und versorgt weiß, sondern ein Lebensraum, in dem man sich freundschaftlich begegnet, miteinander Leben teilt und Verantwortung mitträgt. Das bedeutet hinsichtlich ihrer Strukturen und ihrer Atmosphäre, daß in einer solchen Gemeinschaft jeder Raum findet für seine Gefühle, sein Erleben, seine Sorgen, daß niemand Angst haben oder vorsichtig sein muß, Ärger oder Freude zu zeigen. Man spürt sehr schnell und genau, wes Geistes Kind eine Gemeinschaft ist, ob die Frauen oder Männer einander wirklich begegnen, offen miteinander sprechen, oder ob eine eher gedämpfte, blutleere Atmosphäre den Ton angibt, die es nicht zuläßt, einander ein ehrliches Wort der Kritik oder ein sympathisches Wort der Anerkennung zu sagen.

Eine Gruppe von Pastoralreferenten und Gemeindereferentinnen plante einmal mit einer kleinen Gruppe von Mönchen der Abtei Münsterschwarzach eine Jugendwallfahrt. Nachdem wir miteinander überlegt hatten, was uns dabei am Herzen liegt, was wir den Jugendlichen vermitteln wollten und wie wir es tun könnten, sagte mir eine Frau: „Bei euch spürt man sofort, daß ihr ehrlich miteinander umgeht. Ihr habt keine Angst voreinander, ihr sagt offen eure Meinung und entwickelt miteinander neue Ideen." In einem anderen Kloster hatte sie die bedrückende Beobachtung gemacht, daß sich da alle recht höflich mit Samthandschuhen anfaßten, aber dahinter versteckte Aggressionen spürbar waren.

Zu Hause fühlen kann ich mich in einer Gemeinschaft nur, wenn über die Gefühle – welche auch immer – ehrlich und wertfrei gesprochen wird und sich niemand hinter seinen (freundlichen) Worten versteckt oder verstecken muß. Wenn in einer Gemeinschaft eine eher unterkühlte Atmosphäre vorherrscht, kann dies einzelne buchstäblich krank machen. Kommunikation, Geist und Liebe haben nämlich nur dann eine Chance, wenn die wirklichen Probleme, die Blockaden und auch Gelungenes, Erfreuliches angesprochen und ausgetauscht werden. Damit sind manche Gemeinschaften jedoch überfordert. Daher wäre es sinnvoll, daß sich eine kleine Gemeinschaft beispielsweise eine(n) Supervisor(in) sucht, um – von ihm/ihr begleitet – miteinander über Eigentliches zu sprechen. Auch größere Gemeinschaften sollten dieses Anliegen wichtig genug nehmen, um sich Hilfe von außen zu holen, die es leichter macht, aus manchem Neben- oder gar Gegeneinander ein Miteinander werden zu lassen. Nicht selten hindern ein merkwürdiger Gemeinschaftsstolz oder eine Ordensideologie eine Gemeinschaft daran, wirksame Hilfe von außen zu holen. Manche holen sich zwar kompetente Leute für Vorträge, aber nicht für lebenswichtige und oft nicht leichte Prozesse innerhalb ihrer Gemeinschaft. Natürlich kann und wird es dabei nicht darum gehen, sich von einem Supervisor abhängig zu machen und dreinreden zu lassen. Aber die Begleitung und Unterstützung durch – für Kommunikation und Gemeinschaftsprozesse – Fachkundige ist heute auf jeden Fall notwendig, damit eine Gemeinschaft als ganze reifen kann.

## Wachsamkeit fürs Hier und Jetzt

Ob in einer Ordens- und Klostergemeinschaft gereifte Frauen bzw. Männer miteinander leben, spürt man an ihrer Ausstrahlung nach außen. Es wäre eine große Chance jeder Gemeinschaft, daß hier Menschen die gleiche Wellenlänge haben und miteinander Ideen entwickeln, wie sie heute als Ordensgemeinschaft (vielleicht weltweit) oder als Konvent (vor Ort) auf die Fragen unserer Zeit antworten können. Es kann eine große Kraft davon ausgehen, wenn einige entschlossen und begeistert miteinander etwas in Angriff nehmen. Es macht einen bedenkenswerten Unterschied, ob beispielsweise Jugendliche zu einem Kurs kommen, weil sie einen bestimmten Pater oder diese Schwester toll finden, oder ob sie kommen, weil eine Gemeinschaft sie gastlich aufnimmt. Die Gäste spüren sehr bald, ob sich hier ein einzelner aus dem Kloster nach außen hin profilieren möchte, oder ob sie einem gemeinsamen Anliegen der Gemeinschaft begegnen.

Manche Gemeinschaften halten bis heute an ihren Aufgaben und Werken fest, die sie vor hundert oder mehr Jahren übernommen haben. Damals war ihr Tun eine angemessene Antwort auf eine aktuelle Frage oder Herausforderung der Zeit. Heute stellt sich die Situation in vielem jedoch ganz anders dar, und somit sind auch andere, problembezogene Antworten fällig. Aber dem steht eine fragwürdige Angst im Wege, das eigene ehrwürdige oder vertraute Werk in Frage zu stellen. Und in dieser Angst lauert zugleich die Gefahr: Man fragt und sucht nicht (mehr) miteinander, sondern hält fest am Überkommenen und verwaltet das Gewohnte.

Vor etwa 20 Jahren meinte ein Mitbruder, der aus der Mission zu einem Heimaturlaub gekommen war: Drei Mönche, die es ernst meinten mit ihrem geistlichen Leben, genügten für die Gemeinschaft von über 100 Mönchen in Münsterschwarzach, um einen Prozeß der Erneuerung anzustoßen. Oft jammern Ordensleute, daß ihre Gemeinschaft steril sei, daß man in ihr nicht mehr leben könne. Es gibt sicher Gemeinschaften, die ein geistliches und menschliches Leben eher verhindern als fördern. Aber anstatt zu jammern, sollten wir nach Gesinnungsgenossen suchen. Zwei bis drei Brüder oder Schwestern könnten eine ganze Gemeinschaft erneuern. Sie müßten es nur ernst meinen mit ihrem Leben als Mensch und Ordenschrist, sie müßten sich für das Leben hier und jetzt, für die Zukunft und letztlich für Gott entscheiden. Dann kann um sie herum Neues wachsen. Dann kann sich eine ganze Gemeinschaft wandeln und aufblühen.

## Die Kunst zu führen

Früher war klar, wie und was man unter Führung im Kloster zu verstehen hatte. Es galt ein autoritärer Führungsstil, dem sich alle bedingungslos, gehorsam beugten. Der Obere oder die Oberin hatten absolute Vollmacht. Dem Zweiten Vatikanischen Konzil (1962–1965) folgte in den Klöstern eine Führungskrise. Man hatte plötzlich Angst, Führung zu übernehmen, weil sie von vorneherein verdächtigt wurde, autoritär zu sein und den einzelnen ihre Personwürde zu nehmen. Auch heute oder erst jetzt spüren viele Gemeinschaften, daß sie sich über Sinn und Stil der Führung neue Gedanken machen müssen. Dabei kann es sicher nicht mehr oder nicht wieder um ein Zurück zum autoritären Führungsstil gehen oder zu einem Führungsgebaren, das sich hinter dem Willen Gottes versteckt und genau weiß, was für die einzelnen Gottes Wille ist. Aber es geht auch nicht um den form- und im Grunde beziehungslosen Laissez-faire-Stil, in dem man alles laufen läßt. Das führt allzu leicht dazu, daß eine Gemeinschaft immer mehr ins Unverbindliche absackt, daß Mißstände einreißen und keiner etwas dagegen unternimmt.

In unserer Gemeinschaft in Münsterschwarzach haben wir uns in den letzten Jahren intensiv mit dem Thema Führung befaßt, weil wir darin einen Schlüssel sahen, besser miteinander umzugehen. Es geht ja nicht nur darum, daß ein Abt richtig führt. Jeder von uns ist Führer und Geführter zugleich. Daher ist es wichtig, wie jeder von uns führt und wie er mit Führung umgeht, die er selbst erfährt. Gefährlich sind in einer Gemeinschaft die heimlichen Führer, etwa die Stimmungsmacher beim Kaffeetrinken oder die Intriganten, die ihre Gerüchte ausstreuen. Damit Erwachsene in einer Ordensgemeinschaft gut miteinander leben können, müssen Führungsabläufe durchsichtig sein, und Verantwortung muß von vielen wahrgenommen werden.

Wir könnten heute durchaus einiges von Wirtschaftsunternehmen lernen, die sich seit Jahren intensiv mit dem Thema Führung befassen. Viele Unternehmen haben – statt des auch dort tradierten autoritären, patriarchalen Stils (einen Laissez-faire-Stil kann sich ohnehin niemand leisten) – den kommunikativen Führungsstil entwickelt. Dabei kommt es darauf an, sich die verschiedenen Führungsebenen und die innere Struktur des Führens bewußt zu machen, damit sie für die Gemeinschaft durchsichtig werden. Hier geht es nicht darum, daß alle Führung, Verantwortung und Macht auf eine Person konzentriert sind, sondern jeder trägt an seiner Stelle an der verantworteten Führung mit. So kann in einer Gemeinschaft eine kreative Atmosphäre effektiver Zusammenarbeit und Mitverantwortung wachsen, die zugleich den einzelnen Begabungen und Talenten Raum gibt und läßt..

Kluge, reife Führung hat demnach auch zu tun mit der Fähigkeit, Dienste, Aufgaben, Verantwortungen zu delegieren. Dies ist wiederum sinnvoll nur möglich und effektiv, wenn Absprachen eingehalten werden, d.h. wenn der Delegierte den Oberen darüber informiert (ohne regelmäßig „abgefragt" werden zu müssen), was er in seinem Bereich in Angriff genommen hat und welche Probleme es vielleicht gibt.

Entscheidend ist zudem, daß alle an wichtigen Entscheidungen beteiligt werden. Es darf nie der Eindruck entstehen, daß die Konventualen als „Stimmvieh" mißbraucht werden. Daher muß eine Entscheidung auch ausreichend vorbereitet werden. Bei schwierigen Entscheidungen nur eine einzige Sitzung zu halten erzeugt unnötigen Druck, schlechte Gefühle und Aggressionen.

Damit kein falscher Eindruck entsteht: Führung sollte heute in Klöstern kollegial geschehen. Und – es braucht jemanden, der die verschiedenen Bereiche des Klosterlebens und der Arbeitsfelder zusammenhält und ins Gespräch bringt, der die Initiative ergreift, koordiniert und bei Delegation im Auge behält, was geschieht oder geschehen ist.

Ein Mitbruder, der lange in der Industrie als Chef gearbeitet hat, betonte in Gesprächen mit mir, es läge alles an der Führung bzw. am Führungsstil. Und er erzählte mir, wie er zum Beispiel mit einem Vorarbeiter, über den sich alle beschwert hatten, geredet habe. Anstatt ihn zur Raison zu rufen und zurechtzuweisen, hat er ihn aufgefordert zu träumen, ob es etwas gäbe, was er gerne täte und bisher habe nicht tun können. Und er erfüllte ihm seinen Traum, ins Ausland zu gehen. Mit dem Ergebnis: Dieser Mitarbeiter wurde eine der wichtigen Stützen für die Firma. – Dies war für unser Leitungsteam der Abtei eine große Herausforderung. Denn wir ertappten uns auch immer wieder dabei, wie wir über manche Mitbrüder jammerten, daß man halt mit denen nichts mehr anfangen könne. Wir könnten es beim Jammern belassen oder – könnten im besten Sinne Führung wahrnehmen. Dies würde bedeuten, aktiv auf den einzelnen einzugehen, ihn herauszulocken, ihn mit seinen Träumen in Berührung zu bringen, die in ihm schlummern, die er aber vielleicht längt begraben hat.

Führung ist Dienst an den Menschen. Führung meint die Kunst, die Talente und Fähigkeiten in den einzelnen hervorzulocken, den Menschen Lust an ihrer Arbeit zu ermöglichen und sie für das Ganze zu motivieren. All dies kann niemals autoritär geschehen, sondern im brüderlichen, sym-pathischen Gespräch.

Das Führungsproblem ist heute in allen christlichen Kirchen zu beobachten. Man hat das selbstvergessene Dienen, die rückgratlose Opferbereitschaft allzu lange so sehr in den Mittelpunkt christlicher „Tugenden“ gestellt, daß man die Kunst des Führens vergaß oder gar negativ bewertet hat. Umso schlimmer ist dann mit Macht und Führung umgegangen worden. Wenn Macht nicht klar und Führung nicht durchsichtig sind, dann schaden sie dem Menschen. In der Kirche ist einerseits eine müde, unwillige, resignative, d.h. unreife Führungsverweigerung zu beobachten und zum andern aber eine lammfromme, ebenso unreife Ideologisierung, dergemäß der Führer immer auch den Willen Gottes repräsentiert.

Jesus sagt im Lukasevangelium, was er unter Führung versteht: „Die Könige herrschen über ihre Völker, und die Mächtigen lassen sich Wohltäter nennen. Bei euch aber soll es nicht so sein, sondern der Größte unter euch soll werden wie der Kleinste, und der Führende soll werden wie der Diener" (Lk 22,25f). Führen darf demnach weder dazu mißbraucht werden, über andere zu herrschen, andere klein zu machen, um sich selbst größer zu fühlen; noch darf Führen dazu benutzt werden, sich als Wohltäter zu fühlen, um von allen andern anerkannt zu werden. Führen im Sinne Jesu heißt, dem Leben zu dienen, die Möglichkeiten und Fähigkeiten im andern hervorzulocken. Führen ist für Jesus etwas Positives, es ist eine eigene Weise des aufrechten Dienens. Dies geschieht konkret, wenn wir beispielsweise einander Fähigkeiten zutrauen und Kompetenz einräumen zum Wohl der Gemeinschaft und des je einzelnen.

Führen ist zudem eine eminent spirituelle und menschliche Herausforderung. Unser Abt erzählte einmal, so existentiell wie in seiner Stellung als Abt sei er noch nie herausgefordert worden, seitdem er immer wieder mit den negativen Emotionen von Mitbrüdern konfrontiert werde. Da müsse er immer wieder bei sich selbst genau hinschauen, um nicht von den Problemen einzelner distanzlos infiziert und heruntergezogen zu werden. Das verlange Klärung der eigenen Emotionen und Motivationen, um so zu führen, daß die Mitglieder einer Gemeinschaft und die Gemeinschaft als ganze ihre eigenen Möglichkeiten und Fähigkeiten sehen, leben und immer wieder neu hinterfragen.

Zu meinen, eine Gemeinschaft könne sich ohne eine Führung von alleine organisieren, halte ich für eine Ideologie. Dann werden die Stärkeren oder Lautstarken die Führung de facto ausüben, und diese Art der Führung ist weder ein Zeichen von Reife noch von Geist.

## Sachlichkeit und Mitverantwortung

Eine Gemeinschaft muß nicht nur ihre Struktur, sondern auch ihre Arbeitsbereiche klar durchdenken und effizient organisieren. Da erlebe ich oft, wie sich alte Ideologien behaupten und die Gemeinschaft daran hindern können, wirtschaftlich und sachlich zu denken. Es dürfte eigentlich nicht (mehr) vorkommen, daß sich heute eine Ordens- oder Klostergemeinschaft schwer damit tut, sich der Realität des Lebens zu stellen, daß sie lieber auf die Kraft der Wohltäter, die mangelndes Denken mit ihren Gaben ausgleichen, vertraut, statt mit Phantasie an die Lösung der Probleme zu gehen. Dem hl. Benedikt war es wichtig, daß die Mönche spirituell mit den Dingen, mit der Schöpfung, mit dem Geld umgehen. Die Frage muß erlaubt sein, ob dafür in unseren Klöstern ein lebendiges Gespür ist. Sind wir bereit, unsere Arbeitsfelder zu durchforsten, inwieweit sie wirklich (noch) sinnvoll und auch für unseren Lebensunterhalt angemessen sind, oder wagen wir es aus Angst oder zu weicher Rücksicht auf einzelne nicht, etwas zu ändern?

Die Menschen sind heute sensibel dafür, wie wir im Kloster mit unseren Arbeitsbereichen umgehen, mit Geld, mit Organisation, mit Zusammenarbeit usw. Ist doch das äußere Leben immer auch Ausdruck des inneren, geistlichen Lebens. Wir können uns heute nicht (mehr) in ein geistliches Getto zurückziehen. Die Kraft und Glaubwürdigkeit unserer Spiritualität erkennt, spürt und mißt man – vielleicht mehr als früher – an unserem Leben, das „in die Welt hinein" Zeichen oder Unzeichen setzt. Daher ist es wichtig, die äußere Realität ernst zu nehmen und sie von innen heraus zu gestalten.

Eine auch nach außen hin glaubwürdige Gemeinschaft geht auf reife, verantwortete Weise mit den Dingen um, mit dem Geld, mit der Organisation der Arbeit, mit Haus und Garten, mit Ernährung und Entsorgung. Wenn man in ein Ordenshaus kommt, kann man oft schon an augenscheinlichen Dingen sehen, ob da Reife oder Unreife herrscht. Manche Ordenshäuser sind so „clean", daß sie geradezu steril wirken, als würde alle Energie nur noch ins Putzen verlegt, aber von einer menschlichen Atmosphäre ist kaum etwas zu spüren. Andere Häuser wirken nahezu verschlampt. Wenn eine Gemeinschaft keine Kraft mehr hat, ihr Haus, ihren Park, ihren Garten so zu pflegen, daß man gerne darin lebt, dann stirbt auch geistliches Leben ab, dann kann auch spirituell und menschlich nichts mehr aufblühen. Jedes Haus hat sicher seine eigene Atmosphäre. Eine Benediktinerabtei braucht und pflegt einen andern Stil als eine kleinere Schwesterngemeinschaft. Aber es ist immer wohltuend, wenn man in einem Haus etwas von seinem besonderen Stil, von seiner Lebenskultur, vom Geschmack seiner Bewohner und von ihrem Sinn für Schönheit spürt.

Wenn eine Gemeinschaft versäumt oder sich gar weigert, ihre Wohnkultur, ihr Zusammenleben und ihre Arbeitsbereiche immer wieder neu zu überdenken und diese klar, sinnvoll und dem Niveau Erwachsener entsprechend zu gestalten bzw. zu organisieren, dann darf man ihr wohl kaum das Prädikat der Reife zusprechen. Diese zeigt sich vielmehr in der Wachsamkeit, sich immer wieder neu zu fragen, was Gott heute von ihr will, was das eigentliche Ziel ihres gemeinsamen Suchens und die Mittel sind, auf das Ziel zuzugehen. Von ihm her inspiriert, kann sie dann nüchtern, unvoreingenommen und entschlossen ausloten, welche Aufgaben sie heute aufgreifen und erfüllen und welche sie aufgeben sollte. Ebenso wird sie dann mit geschärftem Blick und Gespür daran gehen, ihr Zusammenleben und ihre Arbeitsbereiche neu und zielgenauer zu planen. Auch wenn bisherige Regelungen lange Zeit sinnvoll waren, so müssen sie doch des öfteren – trotz allzu menschlicher Widerstände vielleicht – neu bedacht und auf die heutigen Zeit- und Lebensfragen hin ausgerichtet werden. Struktur, Organisation und Arbeitsfelder – auch einer Ordens- und Klostergemeinschaft – sind nichts ein für allemal Gültiges. Etwas Lebendiges muß sich immer wieder von neuem organisieren und gestalten.

## Gesunde Spannung zwischen dem/der einzelnen und der Gemeinschaft

Im Gesellschaftlichen läßt sich heute eine immer stärkere Individualisierung – mit vielen Vor- und und vielen Nachteilen – beobachten. Wir können in der Gestaltung des Klosterlebens daran nicht fraglos vorbeigehen. Junge Menschen, die sich heute einer Ordensgemeinschaft anschließen, sind in dieser Zeit der Individualisierung aufgewachsen. Da das Ordensleben ja nicht ein Zusammenschluß von Singles ist, kann es zwar nicht darum gehen, die einzelnen ihrem Individualismus zu überlassen. Aber eine Gemeinschaft von Einzelpersönlichkeiten wird heute nur gelingen, wenn sie für den einzelnen mehr Raum läßt als früher. Ein Konvent, der dem einzelnen den persönlichen Raum des Sich-Entfaltens, des Wachsens und Reifens primär und fortwährend beschneidet oder gar verweigert, zwingt ihn in ein Korsett, engt sein Personsein ein und macht unreif. Wir müssen heute als Ordensleute Wege finden, um eine gesunde, fruchtbare Spannung zwischen den Bedürfnissen des einzelnen und denen des Gemeinschaftslebens kreativ durchzuhalten.

Eine Gemeinschaft, die dies entschieden als eines ihrer Ziele betrachtet, entwickelt eine solidarische, wohlwollende Achtsamkeit für die – allen zukommende – verantwortungsreiche Aufgabe, spürig zu sein für Maß und konkrete Gestalt des Ausgleichs zwischen Nähe und Distanz, Eins-samkeit und Gemeinschaft, Individualität und Gemeinschaftssinn. Sie braucht als lebendige Gemeinschaft beispielsweise Stunden des Gesprächs, wie auch die einzelnen Stunden des Alleinseins brauchen. Viele Ordensfrauen und Ordensmänner arbeiten tagsüber mit anderen zusammen. Da ist es ein berechtigtes Anliegen, abends einmal allein für sich zu sein, zu meditieren, Musik zu hören, einen Brief zu schreiben oder zu lesen. Wenn jeder Abend mit Gemeinschaftsveranstaltungen belegt wäre, käme das Bedürfnis einzelner eindeutig und zu Unrecht zu kurz. Der einzelne braucht auch seinen Raum zum persönlichen Meditieren oder Beten. Auch innerhalb einer spirituellen Gemeinschaft ist es ihm aufgegeben, seinen ihm eigenen, unvertauschbar inneren Weg ein gutes Stück allein zu gehen. Und als Gemeinschaft braucht es auch den Austausch und die gemeinschaftliche Anregung, etwa in Bibel- oder Glaubensgesprächen; dies gehört zum Dienst an der Gemeinschaft und zu ihrem Wesen.

Ein anderes Beispiel: Wenn viele Mitglieder einer Gemeinschaft Einzelexerzitien machen, ist es – einerseits – sicher auch inspirierend für die spirituelle Vertiefung der Kommunität. Aber es genügt – anderseits – nicht, nur seinen eigenen Weg zu gehen. Mein Weg als Ordenschrist, der wesentlich mit Gemeinschaft zu tun hat, muß auch durchsichtig und mitteilbar werden für die, mit denen ich lebe. Er sollte das gemeinsame Leben befruchten. Und dann ist auch wieder dies wahr: Meine Entscheidung für Gott ist etwas höchst Persönliches. Da gibt es Bereiche, über die ich kaum reden kann. Jeder Ordenschrist hat auch seine ganz individuelle Geschichte mit Gott, mit dem Glauben und der Lebensform, die er gewählt hat. Aber – lebendig ist eine geistliche Gemeinschaft nur dann, wenn ihre Mitglieder um ihren je eigenen spirituellen Weg wissen, für ihn die Verantwortung übernehmen und diese nicht der „großen Mutter", sprich der Gemeinschaft anlasten.

Ein schmerzliches und heikles Thema berühren wir, wenn wir von der Flucht vor der Gemeinschaft sprechen. Da suchen sich Ordensfrauen und Ordensmänner die für sie wichtigeren Kontakte nur außerhalb ihrer Gemeinschaft, weil sie drinnen mit einem Klima zu tun haben, in dem sie nicht recht atmen können. Auch hier geht es unabdingbar um eine gesunde Spannung von außen und innen. Ordensleute brauchen auch außerhalb ihrer Gemeinschaft Freunde. Aber wenn alle guten Kontakte nur noch außen gesucht werden, dann geht – auf der einen Seite – der Gemeinschaft viel Energie verloren, die sie vielleicht dringend bräuchte, und dann ist – auf der andern Seite – kein Bedürfnis mehr da, für die Gemeinschaft etwas zu tun.

Und es gibt auch die Umkehrung: Manche überfordern ihre Gemeinschaft mit zu hohen Erwartungen. Gute Freunde außerhalb der Gemeinschaft könnten manche berechtigten und verantworteten Erwartungen ausgleichen. Ich bin dann immer wieder gerne in meiner Gemeinschaft und fühle mich zu Hause, aber erwarte nicht, daß sich in ihr alle meine Wünsche nach Nähe und Freundschaft erfüllen.

## „Konfessionelle" Gemeinschaft

Henri Nouwen, der kanadische Pastoraltheologe und spirituelle Autor, sagte einmal in einem Gespräch, wir hätten in den Klöstern heute deshalb soviel Probleme mit der Beichte, weil kein konfessionelles Klima herrsche. Er meinte damit das Defizit an Vertrauen und Offenheit, auch seine Schwächen zuzulassen und in der

Gemeinschaft anzusprechen. Zu einer reifen Gemeinschaft mündiger Ordenschristen gehört es, daß die einzelnen auch schwach sein dürfen. Schwächen, die wir verdrängen, verbergen und für uns zurückhalten, fehlen der Gemeinschaft an ihrer Lebendigkeit. Wir sollen nicht nur unsere Stärken, sondern auch unsere Schwächen miteinander teilen. Gerade dies macht eines der sympathischen Kennzeichen einer wirklich christlichen Gemeinschaft aus, daß ich mit all meinen Schwächen willkommen bin.

Eine politische Partei oder ein Sportverein kann sich diesen menschlichen Luxus nicht leisten, hier muß immer mit den eigenen Stärken geprahlt werden. Christliche Gemeinschaft und ich als Christ dürfen auch schwach sein, – eine der sympathischsten Dinge, die Jesus den Menschen geradezu einschärfen wollte. Damit wir aber unsere Schwächen miteinander teilen können, braucht es ein Klima des Vertrauens, der Offenheit und Wahrhaftigkeit und vor allem ein Klima, in dem nichts und niemand beurteilt oder gar verurteilt wird. Dort, wo wir so sein dürfen, wie wir sind, mit unseren Stärken und Schwächen, da sind wir wirklich daheim. Und da ist der Geist Jesu Christi zum Greifen nahe, erfahrbar. Da müssen wir keine (anstrengenden, unwahrhaftigen) Rollen spielen, dort erleben wir mitten in der Gemeinschaft Halt und Stütze, Herzlichkeit und Versöhnung. Und – dort wird zugleich die Gemeinschaft lebendig und menschlich.

In jeder Gemeinschaft läuft auch manches schief. Die Versuchung, dies zu vertuschen oder den Sand im Getriebe mit irgendwelchen Gründen zu rechtfertigen, kann dann größer sein, als sich der Herausforderung zu stellen. Im Sinne des Werde- und Reifeweges einer Gemeinschaft wäre es angemessener, offen und urteilsfrei mit dem umzugehen, was in ihr nicht gut läuft, was mißlingt oder wo Mißverständnisse auftreten. Störungen und Mißverständnisse könnten wir als jene bellenden Hunde verstehen, die uns zum Schatz, zum Eigentlichen führen möchten. Es macht keinen Sinn, sondern führt zur Stagnation, die bellenden Hunde in den Turm der Normen einzusperren, damit sie ja von außen nicht gesehen werden. Wenn wir die Sprache der bellenden Hunde verstehen und ihre Botschaft zulassen, können sie wirklich Führer zum Schatz werden und unserer Gemeinschaft Wege zeigen, wie sie Mißverständnisse, Störungen und Schieflagen überwinden und ihr eigentliches Charisma leben kann. Wir haben zum Beispiel unserer Gemeinschaft vielleicht ein zu hohes Ideal übergestülpt, dem kaum jemand gerecht zu werden vermag, so daß Frust, Enttäuschungen oder Schuldgefühle die Atmosphäre verunreinigen. Die bellenden Hunde solch störender Lebensgefühle alarmieren uns, daß wir einer unzeitgemäßen, überfordernden oder selbstherrlichen, lebensfernen Ideologie nachlaufen. Um im Sinne Jesu miteinander zu leben, müssen wir auch diese Wirklichkeit anschauen, wie sie ist, mit ihrer Herausforderung – und ihrer Chance.

In den Briefen des NT finden wir viele Stellen, die uns zeigen, wie ein reifes Miteinander aussehen kann. Wir sollen einander in gegenseitiger Achtung übertreffen (Röm 12,10), untereinander eines Sinnes sein (Röm 12,16). Wir schulden es der Gemeinschaft, daß wir einander annehmen (Röm 15,7) und einander zurechtweisen (Röm 15,14), daß wir einander die Lasten tragen (Gal 6,2), einander trösten und erbauen (1 Thess 5,11). Und eine Gemeinschaft kann nur bestehen, wenn wir einander verzeihen (Kol 3,13), wenn die gegenseitige Vergebung uns immer wieder einen neuen Anfang ermöglicht. Der Jakobusbrief fordert eine „konfessionelle" Gemeinschaft, wenn er sagt: „Darum bekennt einander eure Sünden, und betet füreinander, damit ihr geheilt werdet" (Jak 5,16). Anstatt über die Fehler der anderen zu reden, wird man in einer reifen Gemeinschaft erwachsener Männer bzw. Frauen ansprechen – ein Urteil steht niemandem zu –, was nicht gut ist, man wird einander verzeihen und füreinander beten, damit in jedem einzelnen Gottes Geist wirken und Frucht bringen kann.

Dies waren nur einige Kennzeichen und Tugenden einer reifen Gemeinschaft. Es gibt sicher noch viele andere. Es ist ein großartiges Geschenk, in einer gereiften Gemeinschaft zu leben. Aber sie möge sich nie auf Erreichtem ausruhen. Oft erfährt eine Gemeinschaft gerade dann, wenn sie etwa in gemeinsamen Tagen eine große Harmonie und Lebendigkeit erlebt hat, auch wieder das Gegenteil. Ein Mitbruder oder eine Mitschwester tut etwas völlig Irrationales, etwas, das die ganze Gemeinschaft nach außen in Mißkredit bringt. Mit anderen Worten: Wenn Gott in der Gemeinschaft erfahrbar wirkt, melden sich auch die Dämonen und stiften an einer andern Stelle Verwirrung. Mit dieser Spannung muß eine Gemeinschaft leben. Sie zeigt auch, daß das Gelingen Natur *und* Gnade ist. Wir können mit noch soviel Kommunikation und Fortbildung aus eigener Kraft allein keine reife Gemeinschaft schaffen. Es ist – der Gnade geht allerdings die Natur voraus – letztlich der Geist Gottes, der die verschiedenen Glieder zu einer Gemeinschaft verbindet, in der Gott erfahrbar wird und durch die Gott in die Welt hinein wirkt. Dankbarkeit und Demut sind daher zwei Grundhaltungen, die eine reife Gemeinschaft braucht, Dank an Gott, der immer wieder ein neues Miteinander schafft, und Demut, den Mut, auch in die Schwächen und Dunkelheiten hinabzusteigen und sie Gott hinzuhalten, damit er sein Licht in alle Bereiche des gemeinsamen Lebens leuchten lasse.

# 5

# Hindernisse und Wege des Reifens in der Beziehung zu Gott

Der geistliche Weg war im frühen Mönchtum – wir sprachen schon kurz darüber – immer auch ein Weg menschlicher Reifung, ein Weg, auf dem der Mönch seiner eigenen Wahrheit begegnet ist und sie Gott hingehalten hat, damit er sie mehr und mehr verwandle. Nach Evagrius Ponticus führt der spirituelle Weg zur Gesundheit der Seele, die eine Voraussetzung für die Kontemplation ist, für das Einswerden mit Gott. Der religiöse und der psychologische Weg sind für Evagrius eng miteinander verbunden. Nicht wenige Ordensleute werden jedoch durch ihren geistlichen Weg nicht unbedingt menschlich reifer. Manchmal kann Frömmigkeit sogar dazu dienen, menschliche Reifungsschritte zu überspringen oder zu verweigern. Wir möchten hier nur zwei Zeichen einer ungereiften Spiritualität ansprechen: die infantile Frömmigkeit und die neurotische Form des Glaubens. Beide Formen lassen sich auch in Ordensgemeinschaften beobachten. Ja, manchmal haben bestimmte Ordensideologien geradezu zu einer infantilen und neurotischen Spiritualität geführt.

## Infantile Frömmigkeit

Infantile Frömmigkeit zeichnet sich dadurch aus, daß die kindlichen Erfahrungen mit den Eltern auf Gott projiziert werden. Für den Glauben und das Gottesbild eines Menschen und erst recht eines Erwachsenen ist es jedoch fatal, die affektiven Beziehungen zu Vater und

Mutter mit der Beziehung zu Gott zu verwechseln bzw. diese auf ihn zu übertragen. Denn die affektive Reife ist die Bedingung dafür, „daß die echte und vollkommene Beziehung zu Gott durch die Gnade entstehen kann" (Oraison, 189). Mit anderen Worten: Ich kann nur dann zu einer echten Gottesbeziehung kommen, wenn ich andere Menschen nicht mehr auf infantile Weise brauche. „Man kann nur wirklich Gott gegenüber ein Kind sein, wenn man den Menschen gegenüber in ausreichendem Maße erwachsen ist" (ebd., 190). Wer aber auch als Erwachsener auf der Bedürfnisebene mehr oder weniger infantil geblieben ist, der beeinträchtigt damit auch seine Beziehung zu Gott. Er wird unerfüllte Erwartungen seiner Kindheit auf Gott projizieren und dadurch in ihnen steckenbleiben.

Ein Priester erzählte davon, wie er lange Zeit Gott immer nur mit kindlichen Erwartungen nach Heimat und Geborgenheit verbunden habe. Jetzt sei er endlich erwachsen geworden, und nun sehe er in Gott den Exodusgott, der ihn in die Freiheit führt. Gott sei der, der ihm eine unantastbare Würde verleiht. Gott fordere ihn heraus, in dieser Welt mit Gott und in Gott seinen eigenen Weg zu gehen.

In der Frömmigkeit mancher Ordensleute zeigt sich allzu oft noch eine große Portion Infantilität. Da wird von Gott gesprochen wie vom eigenen Vater, da wird Christus als Ersatz für die menschliche Liebe gesehen, und an Maria wendet man sich wie an die eigene Mutter. Gott ist jedoch nur dann unser Vater, wenn wir erwachsen geworden sind. Und Maria kann nur dann unsere Mutter sein, wenn wir uns von der eigenen Mutter gelöst haben, wenn wir in Maria nicht eine Mutter auf gleicher Ebene sehen, wie es die leibliche war, wenn wir vielmehr in ihr ein Symbol für den mütterlichen Gott erkennen.

Manche Gebete, die in Ordensgemeinschaften gesprochen werden, atmen geradezu eine infantile Mentalität, gegen die sich vor allem die Jüngeren heute zu Recht wehren. Es ist ohne Zweifel wichtig, daß wir unsere Gebete darauf hin untersuchen, ob sie eine reife Spiritualität oder eine infantile Frömmigkeit ausdrücken. Die Psalmen sind hier ein sehr lehrreiches Beispiel. Da werden alle Gefühle zugelassen. Da wird mit Gott gekämpft. Da vertraut sich der Beter mit all seinen Empfindungen Gott an, einmal mit seiner Glückseligkeit und ebenso mit seiner Verzweiflung und dunkelsten Not. Er stellt sich mit seiner ganzen Wirklichkeit vor Gott und ringt mit ihm.

## Neurotische Frömmigkeit

Neurotische Frömmigkeit zeigt sich darin, daß man Konflikten ausweicht, die das Leben mit sich bringt, den Konflikten zwischen den eigenen Gefühlen und den Ordensnormen, zwischen den menschlichen Trieben und der spirituellen Sehnsucht. Man kann oft nicht gleich erkennen und unterscheiden, ob die neurotische Struktur eines Menschen seine Frömmigkeit neurotisiert oder umgekehrt: ob neurotische Gottesbilder einen Menschen psychisch krankmachen.

Die Neurose ist ein mißlungener Versuch, unbewußte infantile Konflikte zu verarbeiten und zu lösen. Viele Neurosen entstehen in der Kindheit, wenn das Kind zum Beispiel dadurch überfordert bzw. unterdrückt wird, daß es seine Aggressionen und Triebe nicht angemessen ausdrücken kann. Sie führen zu oft tiefen und anhaltenden Störungen im emotionalen Bereich und hindern uns daran, zu uns selbst Ja zu sagen. Und oft genug fixieren uns die Neurosen an Verletzungen der Kindheit, von denen wir nicht mehr loskommen. In alle unsere Erfahrungen mischen sich die unbewältigten Konflikte und die traumatischen Verwundungen aus der Kindheit ein.

Neurosen können auch dann entstehen, wenn der Erwachsene aktuelle Konflikte dadurch zu lösen sucht, daß er sie verdrängt. Hier können religiöse Motive dazu beitragen, die Verdrängung noch zu verstärken, etwa dadurch, daß man Demut mit Selbstverachtung und Selbstentwertung verwechselt, oder wenn man Gehorsam mit Entmündigung identifiziert, wenn man Aggressionen und Bedürfnisse verteufelt und Selbstverwirklichung als Egoismus verdächtigt. Drei Aspekte scheinen uns für die neurotische Frömmigkeit charakteristisch zu sein.

*Falsche Gottesbilder*

Im Recollectiohaus unserer Abtei machen wir immer wieder die Beobachtung, daß Ordensleute krankmachende Gottesbilder in sich tragen. Dabei wird auch immer wieder deutlich, wie sehr das Selbstbild mit dem Gottesbild zusammenhängt. Wie jemand Gott sieht, zeigt zugleich, wie er sich selbst sieht – und umgekehrt. Wer hart und grausam mit sich selbst umgeht, hat auch ein grausames Gottesbild und umgekehrt: Ein neurotisches Gottesbild macht auch den Menschen psychisch krank. Josef Rudin erklärt dies damit, daß das Gottesbild „der mächtigste Archetyp, das verborgenste Kraftzentrum, von dem alle Lebensbezirke letztlich durchgebildet werden", ist (Rudin, 161). Das Gottesbild zieht die meiste seelische Energie auf sich. Es ist der „geheimste Mittelpunkt der menschlichen Existenz" und erweist sich damit gleichzeitig als „der gefährlichste Partner des menschlichen Daseins" (ebd., 161). Daher hat das Gottesbild eine ungeheure Wirkung auf Gesundheit und Krankheit der menschlichen Seele. Ein gereiftes, gesundes Gottesbild tut dem Menschen ganzheitlich gut. Von einem neurotischen, verzerrten Gottesbild gehen jedoch dunkle Kräfte der Zwanghaftigkeit und der seelischen Friedlosigkeit aus sowie die negative Sogkraft zur psychischen Verkrampfung und Verhärtung.

Für den Evangelisten Lukas ist die gefährlichste Versuchung nicht die zur Macht (wie bei Mt 4), sondern die zu einem falschen Denken, vor allem zu einem falschen Denken über Gott (Lk 4,9ff). Jesus widersteht der Verlockung des Teufels, der ihm ein falsches Gottesbild einreden möchte. Lukas will damit sagen, daß unser Leben nur dann gelingt, wenn wir richtig von Gott denken und eine gesunde Beziehung zu ihm aufbauen.

Karl Frielingsdorf hat in seinem Buch „Dämonische Gottesbilder" gezeigt, daß auch viele Ordensleute und Priester, die durchaus den barmherzigen Gott predigen, unbewußt dämonische, krankmachende Gottesbilder in sich tragen und davon existentiell geprägt sind. Da ist der starre Gesetzesgott, der kleinliche Buchhaltergott, „der pedantisch und griesgrämig über den Lebensbüchern der Menschen sitzt, der Soll und Haben einträgt und eine unbarmherzige Bilanz zieht" (Rudin, 169). Da ist der Willkürgott, der willkürlich verdammt oder erwählt. Oder da ist der Leistungsgott, den ich durch pflichtbewußte Leistung zufriedenstellen, für den ich immer etwas tun muß. Alles religiöse Tun dient dann nur noch der Beschwichtigung dieses dunklen Gottes, dem ich immer etwas vorweisen muß. Obwohl ich vom Kopf her genau weiß, daß Gott nicht meine Leistung will, sondern mein Herz, daß Gott barmherzig und gnädig ist, spukt in meinem Unbewußten doch immer noch die atem-raubende Idee, daß ich Gott durch mein Tun zufriedenstellen, daß ich vor diesem Gott alles richtig machen und perfekt sein muß. Es braucht oft sehr lange, bis die Einsicht des Kopfes auch im Herzen ankommt und Wurzeln schlägt. Damit dies gelingt, müssen zuallererst die menschlichen, die psychischen Ursachen für die gnaden-lose Härte gegen sich selbst erkannt und bearbeitet werden, bis ich Gott und mich selbst in einem milderen, dem wahren Licht sehen kann.

Gefährlich wirkt sich ein Gottesbild immer dann aus, wenn es zu einem Vorbild wird, mit dem man sich identifizieren möchte, d.h. man projiziert seine Größen- und Allmachtsphantasien von sich selbst in das Gottesbild hinein und merkt gar nicht, daß man nicht den ganz anderen Gott, sondern die eigene Projektion anbetet. Eine solche projizierende Identifizierung mit Gott als höchstem Vorbild kann den Menschen in eine „Spirale von hochgesteigerten Ansprüchen an sich selbst und von selbstquälerischen Verzwängungen und depressiven Minderwertigkeitsgefühlen" hineintreiben (ebd., 174). Es ist dann nicht wirklich Gott, sondern das eigene Über-Ich, von dem man sich leiten läßt.

Und dieses Gottesbild dient zudem noch dazu, vor der Realität des Lebens zu fliehen. In der Begleitung von Ordensleuten im Recollectiohaus beobachten die Therapeuten und geistlichen Begleiter, daß die Frömmigkeit oft dazu benutzt wird, den normalen Anforderungen des Lebens auszuweichen. Man flieht in fromme Gedanken oder Übungen, um den zwischenmenschlichen Konflikten aus dem Weg zu gehen oder um die eigenen Bedürfnisse zu überspielen.

*Verdrängungsmechanismen*

Eine entscheidende Ursache für Neurosen ist die Verdrängung. Da in den Orden über Generationen hin die selbstlose Bedürfnislosigkeit als ein hohes Ideal angesehen wurde und persönliche Wünsche daher als schlecht galten, haben viele Ordensleute keinen Weg finden können, angemessen mit ihren realen Bedürfnissen umzugehen. Die ideologische Verteufelung individueller Bedürfnisse hat zur Folge gehabt, daß die Frömmigkeit dafür herhalten mußte, Wünsche, Aggressionen und die Sehnsucht nach Lust und Vergnüglichem zu verdrängen. Dies drückt sich dann beispielsweise darin aus, daß immer gleich oder vorschnell alles harmonisiert wird, daß man Konflikte nicht austrägt, weil sie ja gar nicht sein dürfen. Das Ordensideal einer konfliktfreien Gemeinschaft muß dazu führen, daß man Probleme und Streitthemen verharmlost oder wegleugnet. Selbst begründete Aggressionen dürfen nicht sein, „man hat sie nicht".

In Wahrheit aber regeln Aggressionen das Verhältnis von Nähe und Distanz. Wo Aggressionen immer nur verdrängt werden, gerät die eigene Vitalität und Leidenschaftlichkeit buchstäblich in Atemnot. „Wo aber die Leidenschaftlichkeit verschwindet, da verliert das Gute seinen Glanz und seinen Schwung ... Menschen, die sich sehr intensiv auf die Kirche eingelassen haben, werden oft als besonders brav und zugleich als besonders uninteressant und langweilig empfunden" (Exeler, zit. von Ringel, 22). Auf Dauer verdrängte Aggressionen können sich irgendwann gegen mich selbst richten. Dann zeigen sie sich entweder als Schuldgefühle, die mich martern, oder als Krankheitssymptome. Die vielen Skrupulanten, die es vor allem bei älteren Ordensleuten gibt, haben meistens ihre Aggressionen oder ihre Sexualität hartnäckig verdrängt. Häufig kreisen die Gedanken von Skrupulanten immer wieder um sexuelle Sünden, d.h. unter negativem Vorzeichen beschäftigen sie sich so ständig mit dem, was sie eigentlich verdrängt haben, der Sexualität.

Manchmal führt die Ordensideologie dazu, Bedürfnisse grundsätzlich als etwas Schlechtes anzusehen. Eigentlich dürften wir gar keine Bedürfnisse haben. Verdrängen wir sie gleichsam mit ideologischem Rückenwind radikal, werden sie uns mit Sicherheit durch diverse Hintertüren wieder einholen, etwa durch vermeintlich berechtigte, in Wahrheit aber übertriebene Ansprüche. Die Küchenschwestern wissen, wie unter dem Deckmantel der Norm tausend Ausnahmen blühen, wie dann heimlich die unterdrückten Bedürfnisse ausgelebt werden. Hinsichtlich unseres Werde-

und Reifungsweges muß jedoch gelten, Bedürfnisse erst einmal ruhig und verantwortet vor mir selbst anzuschauen und als solche zuzugeben. Dann kann ich frei entscheiden, ob ich mir ein Bedürfnis wirklich erfüllen oder darauf verzichten will. Verzichten ist ja durchaus gesund, es stärkt das eigene Ich. Wer nie verzichten kann, wird auch nie ein starkes, bewußtes Ich entwickeln. Aber – wenn Bedürfnisse sofort verdrängt werden, wird meine Askese zu einem „grandiosen Verdrängungsapparat, mit allen verhängnisvollen Folgen" (Rudin, 187).

Ein anderer Bereich des Verdrängens ist die Lust. Lust wird gleich mit sexueller Lust gleichgesetzt, und dann sind Angst und Scheu nicht weit. Viele Ordensleute haben ihre Sexualität konsequent und in heiliger Absicht tatsächlich verdrängt. Sie ist ihnen von vornherein suspekt. „Man schämt sich dieses Triebes, als würde er den Menschen erniedrigen, und betrachtet seine Regungen als Versuchungen, die tapfer niedergeschlagen werden müssen. Die Stauung der Sexualkraft in unerträglicher Weise ist die vorauszusehende Folge. Der nicht anerkannte Trieb rächt sich dann regelmäßig an der Seele: Die Versuchungen wachsen zu höheren Intensitäten, alle Teufel scheinen leibhaftig losgelassen, eine überhitzte Phantasie projiziert diese Dämonen halluzinatorisch in die Außenwelt und begegnet ihnen in Auditionen und Visionen" (ebd., 211).

Die radikale Verdrängung der Lust sucht jedoch – wie alles Verdrängte – nach anderen Wegen, sich Lust zu verschaffen. Ein Weg dazu ist beispielsweise der Drang, der zur Sucht werden kann, sich ständig in den Mittelpunkt zu stellen. Übertriebene Geltungssucht ist somit häufig Ausdruck verdrängter Sexualität. Ein anderer Weg, sich kompensatorisch Lust zu verschaffen, ist die Leidenssucht. Man kompensiert den Mangel an Lust mit dem religiösen Genuß der Leidensseligkeit. Es ist oft eine masochistische Leidenssucht, für die man sich dann einen Priester als Vertrauten sucht, der einem bestätigt, daß man in seinem Leiden Christus ähnlich sei. Wenn jemand bei unbedeutenden Erkrankungen sehr lange braucht, um wieder gesund zu werden, verrät das oft die geheime Sucht des Genießens seiner Krankheit.

### *Perfektionismus*

Der Stand der Vollkommenheit, der „status perfectionis", hat immer wieder dazu geführt, einem falschen Perfektionismus zu huldigen. Perfektionismus ist eine Fehlhaltung zwanghafter Menschen. Aber in Orden ist sie – durch ein großes Mißverständnis – oft genug idealisiert worden, d.h. viele Ordensleute streben danach, vollkommen zu werden, verwechseln aber Vollkommenheit (= Ganzheit im Sinne der Bibel) mit Perfektionismus, mit dem Ergebnis, daß sie sich ständig überfordern, weil wahr bleibt, was wahr ist: daß sie immer auch schwache Menschen sind. Der Perfektionist reibt sich an dieser Wirklichkeit wund. Er möchte sie anders haben, als sie ist. Er kann Gott nicht verzeihen, daß er die Welt so geschaffen hat, wie sie ist.

Der Perfektionist ist manches Mal auch ein verkappter Egoist. Er möchte zwar das Ideal der Selbstlosigkeit und Demut verwirklichen. Aber darin zeigt sich zugleich eine versteckte Form des Geltungstriebes und eines übersteigerten Idealismus. Man möchte zumindest auf einem Gebiet der Beste sein und sich besonders hervortun. Und wenn man es nicht schafft, sieht man in sich selbst den schlimmsten Sünder. Wenn man schon nicht in der Tugend der Beste sein kann, dann wenigstens in der Sünde. Aber auch das ist nur Ausdruck des Stolzes, der bei Perfektionisten unbewußt immer eine Rolle spielt. Man mißbraucht das Ordensleben, um sich besser zu fühlen als die andern. Man genießt dann sogar die Härte des Ordenslebens, um sich von den andern gewissermaßen leidensmystisch abgrenzen und sich über sie stellen zu können. Die Steigerung eines solchen Selbstwertgefühls durch religiösen Idealismus wird aber mit Verdrängung erkauft. Und diese führt zum ständigen Gefühl, schuldig zu sein. Der Perfektionist kreist daher unaufhörlich um die Schuld. Hinter den quälenden Schuldgefühlen verbirgt sich jedoch oft eine unbewußte Selbstbestrafungstendenz. „Viele Neurotiker mißbrauchen einfach die Religion masochistisch, indem sie sie in den Dienst ihrer Selbstbestrafung stellen" (Ringel, 32).

Der Perfektionist ist auf der andern Seite unbarmherzig und unmenschlich. Denn um seiner fixierten Ideale willen darf er keine Schwachheit und Halbheit dulden. Und so wundern wir uns oft über die Verbissenheit und Brutalität, mit denen Perfektionisten ihre Ideale durchsetzen wollen. Diese leidenschaftliche Brutalität ist allerdings oft Ausdruck verdrängter Sexualität, deren Energie sich auf diese Weise einen Seitenkanal sucht. In der Verbissenheit des Perfektionisten meldet sich der verdrängte Schatten, aber er hat Angst vor ihm und will ihn mit Gewalt niederhalten.

In seinem Streben nach absoluter Gerechtigkeit weicht der Perfektionist allerdings den normalen Pflichten des Alltags eher aus, als daß er sich ihnen stellt. Seine übersteigerten Ideale dienen ihm vielmehr dazu, sich über das Alltägliche zu erheben. Aber dadurch geht gerade keine Verwandlung der Wirklichkeit von ihm aus. So bleiben viele Perfektionisten lebensfremd und infantil: „Der Terror und das Diktat des Vollkommenen hindern ihn daran, nüchtern und realistisch sich mit den stets fehlbaren Menschen und unzulänglichen Ereignissen zu befassen. Alles oder Nichts ist die Devise" (Rudin, 221 f).

Der Perfektionist lebt in einem Zwangssystem, das er aus Angst vor dem übergroßen Gott aufgebaut hat. Die vielen Gebete werden zu einem Zwangskorsett, in das er sich hineinzwängt. „Sie legen sich selbst die Einhaltung einer pedantisch-starren Abfolge von Gebeten und guten Werken auf, deren Erfüllung zum Lebenszweck wird. Dieses Ritual hat es an sich, es läßt den Menschen nicht mehr los, sondern übt einen immer stärkeren seelischen Terror aus, schraubt progressiv die Zahl der Riten höher oder fordert wenigstens eine immer wachsende Intensität in deren Erfüllung ... Die formale Erfüllung des Rituals ist an die Stelle der Liebe zu Gott getreten, ist aus einem Mittel zum Zweck allmählich zum Selbstzweck geworden" (ebd., 225).

Manche Ordensleute sind in Gefahr, daß sich ihr geistliches Leben verselbständigt, daß sie alle Energie darauf verwenden, ihre rituellen Pflichten zu erfüllen, und daß keine Kraft mehr bleibt, an dieser Welt mitzubauen. Oft genug zeigt sich der Perfektionismus auch als System immer höherer moralischer Ansprüche. Der moralische Perfektionismus führt aber zu einem asketischen Dilettantismus. Ohne Rücksicht auf die Struktur der menschlichen Seele wird hier etwas erzwungen. Ohne Einsicht in das Wesen der menschlichen Seele, in das Unbewußte, in das Triebleben tötet man rigoros alles ab, was dem Ideal widerspricht. Die Folge ist, daß die verdrängten Triebkräfte zurückschlagen und sich entweder als Versuchung oder als neurotische Symptome zu Wort melden. „Mit virtuoser Willensakrobatik werden dann Versuchungen weggeschoben, seelische Bedürfnisse ignoriert, Gefühlsregungen unterdrückt" (ebd.). Doch dann wird der Mensch blutlos, seelenlos, geistlos. Alle Kraft schwindet, und es bleibt schließlich nur mehr ein seelisches Wrack zurück.

## Erwachsene, reife Spiritualität

Die Spiritualität, die alle Ordensgründer gelebt haben, hat Menschen ihre Berufung finden lassen und ihre Reife. Sie hat sie befähigt, Frucht zu bringen und ein Stück Welt zu verwandeln.

Für *Benedikt* ist geistliches Leben die Kunst des gesunden Lebens.

Für *Augustinus* heißt Spiritualität, mit seiner Sehnsucht nach dem ganz anderen Gott, nach der wahren Heimat in Berührung zu kommen.

*Franziskus* hat das einfache Leben und die Liebe zu allem Geschaffenen frei und froh gemacht. Für ihn sind die solidarische Liebe und die Freude ein Zeichen echter Frömmigkeit.

*Ignatius* sah den Wert der Individualität des Menschen. Jeder Mensch ist gottunmittelbar. Zu jedem spricht Gott. Und indem der Mensch auf Gottes Stimme in seinem Inneren hört, entdeckt er seine tiefste Berufung, erkennt er, wer er ist und wie er ganz er selbst werden kann.

Alle Ordensgründer haben eine Spiritualität gelebt, die sie so durchformt und verwandelt hat, daß sie auf die Fragen ihrer Zeit antworten, für die Menschen Frucht bringen und ihnen ein Zeichen sein konnten. Die Wirkkraft ihres Lebens war Ausdruck ihrer menschlichen und spirituellen Reife.

Ziel geistlichen Lebens ist es, daß das Bild Jesu Christi in einem Menschen auf einmalige Weise aufscheint, daß der einzelne zu der Berufung und Gestalt findet, die ihm von Gott her zugedacht wurde. Die ihm eigene Gestalt findet der Mensch im Hören auf Gottes Stimme in seiner eigenen Personwirklichkeit, in seiner Lebensgeschichte. Geistliches Leben will mir also nicht etwas überstülpen, irgendein Idealbild, sondern es will mich zu dem formen, als der ich von Gott gemeint bin. Spiritualität, die zu diesem Ziel führen will, sieht nicht viel anders aus, als sie in den Orden geübt wird. Aber entscheidend ist die innere Haltung. Ich kann das Chorgebet und die Meditation als Leistung vollziehen, die ich Gott vorweisen kann, oder ich kann sie vollziehen, weil ich um meinen Werdeweg und auch um meine Schwäche weiß, weil ich sie brauche, um nicht zu verschlampen.

Gereifte, erwachsene Spiritualität basiert auf den Grundgefühlen der personalen Freiheit und des (im biblischen Sinn) kindlichen, bedingungslosen Vertrauens. Ich brauche Gott nichts vorzuweisen. Ich mache mich auf den spannenden Weg meiner Selbstwerdung, auf den Weg der Gottsuche und der Verwandlung in Gott hinein, weil ich Lust daran habe, weil mich das Leben fasziniert und weil mich Gott lockt.

Zeichen und Grundhaltungen einer solchen Spiritualität sind im Mönchtum das Nicht-Urteilen, die Sanftmut, die Milde, die Demut, die Gelassenheit und die Fähigkeit zur Liebe. Wer jedoch in seinem spirituellen Leben aus Mißtrauen, Angst oder Kleinglauben allzu leicht den Teufel an die Wand malt, wer ständig Zorn oder schweren Kummer über Menschen empfindet, die nach dem eigenen Denken nicht rechtgläubig sind, oder sich vor dem Teufel fürchtet, der bei allem mit im Spiel ist, sollte sich um den Reifegrad seiner Spiritualität und Menschwerdung sorgen. Er projiziert all das, was er um seiner Art geistlichen Lebens willen verdrängt hat, auf andere. Rasches, hartes Urteilen über andere oder das Verteufeln fremder Denk- und Lebensweisen sowie eine latent pessimistische Weltsicht sind Methoden, in sich selbst vorhandene, aber verdrängte Bereiche auf andere und auf die Welt zu projizieren. Den wirklich Frommen zeichnet eine im Glauben und Gott begründete Gelassenheit aus, eine in Gottes Weisheit verwurzelte Hoffnung für diese Welt, weil er Gott Gott sein läßt, weil er an den guten Kern im Menschen glaubt und von seinem

Glauben her weiß, daß Gott unsere Welt in seiner Hand hält und für sie sorgt.

Eine solche gereifte Spiritualität geht immer wieder neu über die ehrliche und angstfreie Selbsterkenntnis. Wer sich selbst kennt, dem vergeht es, über andere zu urteilen. Das Ziel dieser Spiritualität ist nicht der perfekte Mensch, sondern Gott und die Liebe zu ihm. Die frühen Mönche haben auf ihrem geistlichen Weg, in der oft harten Schule der Selbsterkenntnis und Gottsuche zu einem reifen Menschsein gefunden, weil sie immer auch um die gottgegebene Würde des Menschen wußten. Diese gnadenhafte Würde des Menschen suchten sie im Gebet zu beantworten. Denn sie waren dessen inne geworden, daß der Mensch dazu ausersehen ist, im Gebet mit Gott mehr und mehr eins zu werden, Gott in sich selbst wohnen zu lassen, ja mit Gott zu verschmelzen und so Tempel des Heiligen Geistes zu werden. So besteht die höchste Würde des Menschen darin, ohne Zerstreuung beten zu können, ganz und gar auf Gott ausgerichtet und in Gott zu sein.

Ihr Fasziniertsein von Gott hat aus den frühen Mönchen keine harten Moralisten oder gar perfektionistische Fanatiker gemacht, sondern von ihrem ganzen Wesen her gütige und sanftmütige Menschen, Menschen, die kraft ihrer gereiften Persönlichkeit etwas ausstrahlten von der Barmherzigkeit und Liebe Gottes. Die Sanftmut war beispielsweise für Evagrius Ponticus das typische Kennzeichen eines von Gott verwandelten Menschen. Nicht im herben Asketen und nicht im ängstlichen Moralisten, der alle Gebote peinlich genau befolgt, sondern vielmehr im sanftmütigen, von Gott verwandelten Menschen ist das Ziel des geistlichen und menschlichen Werdeweges zu sehen.

Paulus beschreibt die Früchte des Geistes so: „Die Frucht des Geistes aber ist Liebe, Freude, Friede, Langmut, Freundlichkeit, Güte, Treue, Sanftmut und Selbstbeherrschung“ (Gal 5,22f). Darin finden wir zugleich die Zeichen einer reifen Spiritualität genannt. Wir wollen jetzt noch die Geistesfrüchte etwas näher anschauen, um zu erkennen, wie sich Gott den reifen Menschen vorstellt. Dabei wird deutlich zu sehen sein, daß Enge, Angst, Härte, Verteufelung und Verkrampfung nichts mit den Früchten des Geistes zu tun haben, sondern ihr genaues Gegenteil: Weite, Weitherzigkeit, Vertrauen, Milde, Gelassenheit und hochherzige Liebe.

## Die Früchte des Geistes

(1) An erster Stelle steht die *Liebe*. Es ist Gottes Liebe, die durch den Heiligen Geist in unsre Herzen ausgegossen wurde. In der Liebe wirkt der Heilige Geist am reinsten in unserem Herzen. Die Liebe Gottes befähigt uns, unsere Brüder und Schwestern zu lieben. Die Liebe ist keine Leistung, die wir aus eigener Kraft vollbringen können, sondern eine Quelle, aus der wir schöpfen können, die Quelle des Heiligen Geistes, die in uns sprudelt und nie versiegt, wenn wir sie nur wahr-nehmen. Wir empfangen diese Liebe immer wieder neu von Gott, damit wir sie weitergeben an die Menschen. Es geht darum, durchlässig zu werden für diese göttliche Liebe, die durch uns diese Welt verwandeln will.

(2) Der Liebe folgt die Freude. Es ist die Freude des Glaubens, eine positive Grundstimmung, die das Herz des Menschen weit macht. Freude ist mehr als eine äußere Fröhlichkeit, sie ist Harmonie der Seele, „gelöster Ausdruck des Lebens überhaupt“ (Wallhof, in: PraktLexSpir, 407). Für die Kirchenväter ist die Freude immer eine Schwester der Liebe. Und Elisabeth von Thüringen sagt: „Wo man Liebe sät, wächst Freude empor.“ Für Paulus ist die Freude bedingt durch die Nähe des Herrn, der selbst unsere Schwachheit zum Ort seiner Gegenwart erwählt. Im Lukasevangelium reagieren

die ‚Menschen nach dem Herzen Jesu‘ auf sein Tun immer mit der Freude. Freude ist das Echo und der Ausdruck der heilenden Erfahrung Jesu Christi und der Gotteserfahrung. Wer Gott erfährt, erfährt auch die Freude. George Bernanos sieht die Aufgabe der Kirche darin, „die Quellen der verlorenen Freude wiederzufinden“ (ebd., 409). Und Blaise Pascal meint: „Der Mensch ist für die Freude geboren“ (ebd.).

(3) Wo Freude im Menschen lebt, ist eine dritte Geistesfrucht, der Friede, nicht weit. Friede hat in jeder Sprache eine andere Bedeutung. Das griechische Wort „eirene“ bedeutet, daß man miteinander redet, daß man im Gespräch miteinander ist. Das lateinische „pax“ kommt von „pacisci“: einen Vertrag schließen. Es meint eine gemeinsame Verabredung, die Klarheit und Verläßlichkeit schafft. Das deutsche Wort Friede kommt vom Stamm „fri“: lieben, hegen, schonen. „Friede ist also ein Zustand, in dem man einander liebt, hegt, schont, erfreut und geneigt macht“ (Bovet, 29). Auch der Friede ist somit letztlich eine Frucht der Liebe. Reife Spiritualität verbreitet um sich herum Frieden. Der Umkehrschluß: Immer wenn spirituell Lebende um sich herum polarisieren und intrigieren, ist das ein sicheres Zeichen unreifer Spiritualität bzw. hat ein solches Agieren mit Spiritualität nichts mehr zu tun, sondern macht menschliche Unreife deutlich und ist erst recht keine Frucht des Geistes, sondern des Ungeistes einer einäugigen Selbstgerechtigkeit. Solcher Ungeist verwechselt eigene Vorstellungen mit dem Willen Gottes und scheut sich auch nicht, sie mit Gewalt durchzusetzen. Wer jedoch Heiligen Geist erfahren hat, liebt und wirkt Frieden, verbindet Menschen miteinander, schafft, wenn immer es geht, Räume des Gesprächs und der Versöhnung. Der Epheserbrief kann von Jesus Christus sagen: „Er ist unser Friede“ (Eph 2,14). Wer an Christus glaubt und auf ihn setzt, wird Frieden als Gabe Gottes zuerst in sich selbst erfahren. Aber er

wird diesen Frieden Gottes, der allemal größer ist als unser Herz, auch weitertragen zu denen, mit denen er lebt, und zu allen, denen er außerhalb seiner Ordensgemeinschaft begegnet. Dieser Friede ist zuallererst ein Geschenk Gottes und zugleich eine Tat des Menschen, der seine Welt nach Gottes Willen gestaltet.

(4) Die vierte Frucht des Geistes heißt „makrothymia", Langmut, Großmut. Es ist das weite Herz. Es ist der Mensch, der einen langen Atem hat, der warten kann, der groß ist in seiner Gesinnung, in dessen Herzen viele und vieles Platz hat, der etwas von der Großmut Gottes hat, der Gerechte und Ungerechte liebt, und warten kann, bis beide von Gottes Liebe ergriffen werden. „Makrothymia ist ein Wesenszug der Liebe, die sich im gegenseitigen Geltenlassen und Verzeihen, im Zurückstellen eigener gerechter Ansprüche und eigenen gültigen Gerichtes darstellt, und in der Nähe vor allem die Güte, Sanftmut und Demut zu finden ist. Sie ist aber auch eine Art Geduld" (Schlier, 259). Der hl. Benedikt hat diese makrothymia im Blick, wenn er vom weiten Herzen spricht als dem Ziel des geistlichen Weges. Er steht damit in der Tradition der Kirchenväter, die immer wieder vom weiten Herzen sprechen, das allein fähig ist, Gott in sich aufzunehmen. Für die Väter ist das weite Herz ein Kennzeichen eines wirklich geistlichen Menschen, eines Menschen, in dem die Liebe Gottes ausgegossen ist durch den Heiligen Geist (vgl. Röm 5,5). Das weite Herz ist offen für Gott, und es öffnet sich auch für die Menschen mit ihren Sorgen und Nöten.

(5) Das weite Herz zeichnet sich aus durch Freundlichkeit und Güte. Freundlichkeit zielt auf die Kommunikation zwischen den Menschen. Sie ist freundliche Zuwendung, verbindet Menschen miteinander und schafft Freund-schaft. Das weite Herz macht auch andere weit und bringt sie in Berührung mit der Fähigkeit zu lieben. Der gütige Mensch glaubt an das Gute im an-

dern und lockt es hervor. Die Güte eines Menschen rührt uns an, sie schenkt Geborgenheit und Wärme. Sie ist Ausdruck dafür, daß der Mensch durch Gottes Güte selbst gut geworden ist und so fähig, gütig zu sein. In Jesus Christus ist uns die Güte und Menschenfreundlichkeit Gottes erschienen (Tit 3, 4).

(6) Eine andere Frucht des Geistes: die Treue, die Verläßlichkeit im Gewand der Sanftmut, die ein besonderes Kennzeichen des vom Geist geprägten Christen ist. Gott ist treu. Darauf kann ich mein Leben bauen. Gottes Treue ermöglicht mein Vertrauen. Durch die Treue werde ich erst ganz zu dem, zu dem mich Gott berufen hat. Die Treue, die der Geist Gottes mir schenkt, überwindet die Brüchigkeit meines Lebens und macht es in Gott fest, schenkt ihm in Gott Bestand. Für Evagrius Ponticus ist die Sanftmut ein Erkennungszeichen des gereiften Mönchs. Evagrius warnt immer wieder vor zornigen Asketen. Sie kommen nicht weiter auf dem Weg zu Gott. Nur der Sanftmütige kann Gott schauen. Sanftmut ist die Bedingung für Kontemplation, noch mehr aber ist der Mönch in seiner Sanftmut von anderen geliebt. In der Sanftmut strahlt etwas von der Gesinnung Jesu Christi aus. Und das ist wohl das Höchste, was man von einer reifen Spiritualität wie von einem gereiften Ordensmann, von einer menschlich und spirituell gereiften Ordensfrau sagen kann, daß sie etwas von Christus widerspiegeln und Christi Gesinnung in dieser Welt erfahrbar machen.

(7) Auch die Selbstbeherrschung, die Zucht zählt Paulus zu den Früchten des Geistes. Sie weist auf einen Menschen hin, der selbst lebt, statt gelebt zu werden, der sein Leben selber bewußt und verantwortet gestaltet, statt sich von seinen Trieben steuern zu lassen. Die Selbstbeherrschung als Geistesfrucht weist darauf hin, daß eine gesunde Askese zu einem reifen Menschen gehört. Askese meint eigentlich „Übung". Der Mensch übt sich, trainiert sich, um eine bestimmte Fähigkeit zu

erlangen. Für den Christen hat die Askese den Sinn, dem Geist Christi in sich selbst Raum zu geben, auf daß der Geist Jesu alle unsere Gedanken und Gefühle, unsere Leidenschaften und Triebe verwandelt, um mit allem, was in uns ist, für Christus und sein Werk durchlässig zu sein.

## Gefahren des Ungeistes

Christen und Ordenschristen sind immer wieder in Gefahr, den Versuchungen des Ungeistes zu erliegen.

(1) Im Gegensatz zu jener soeben durchleuchteten Spiritualität, die nach Paulus dem Geist Jesu entspricht, schleicht sich in unsere Ordensfrömmigkeit allzu leicht der Ungeist der Selbstgerechtigkeit, der Ungeist der Hartherzigkeit ein. Ja, heute ist als ein geradezu antichristliches Phänomen zu beobachten, daß gerade fromme Menschen militant ihre Spiritualität vertreten und erbarmungslos gegen andere vorgehen. Da wird Frömmigkeit als Machtmittel benutzt, mit dem man auf andere einschlägt oder ihnen unbedingt ein schlechtes Gewissen einimpft. Dies hat mit dem Geist Jesu gar nichts mehr zu tun.

Die Frömmigkeit, die aus Heiligem Geist ist, zeigt sich in einem gänzlich anderen Gewand. Getragen von Gottes Güte und Menschenliebe, zeigt sie sich tolerant, sanftmütig. Sie ist in ihrer Gelassenheit und Sanftmut aber nicht schwach, sondern hat gerade durch ihre Liebe die Kraft in sich, andere für Christus zu begeistern und in andern das Gute hervorzulocken, wie es Jesus immer wieder bei den Menschen getan hat, denen er begegnet ist.

(2) Gerade im Orden sind wir immer wieder in Gefahr, unsere Frömmigkeit dazu zu mißbrauchen, das eigene Selbstwertgefühl zu pflegen oder Anerkennung bei den Menschen zu suchen – eine andere Gefahr des Un-

geistes: Spiritualität im Dienste der Psychohygiene. Dann wird sie uns aber nicht für den Geist Gottes aufschließen, sondern uns selbstgerecht und selbstgefällig machen, vielleicht auch hart gegenüber Andersdenkenden. Hier wäre jene Geistesfrucht vonnöten, die unserem alten Adam am wenigsten schmeckt: Selbstbeherrschung, Zucht, Askese – Askese im Sinne der Einübung, sich immer wieder auf den Geist Jesu zu besinnen, um zu dem zu werden, zu dem uns der Geist Jesu Christi, der Heilige Geist formen möchte.

Jesus hat den Menschen neue Lust am Leben geschenkt, er hat sie aufgerichtet und ihnen ihre unantastbare Würde gezeigt. Im Johannesevangelium wird deutlich, daß Jesus unserem Leben einen neuen Geschmack schenkt, indem er seinen Heiligen Geist in uns einströmen läßt. Er läßt das schal gewordene Wasser zu Wein werden, der das Herz des Menschen erfreut (vgl. Joh 2, 1 ff). Der Wein wirkt anregend, er kann auch in das Leben derer, die ihn genießen, eine Ahnung von Freude und Liebe bringen. Jesus ist gekommen, uns das Leben zu schenken und es uns in Fülle zu schenken (vgl. Joh 10, 10). An der Ausstrahlung Jesu und an dem, was diese bewirkt hat, haben wir als Ordensfrauen und Ordensmänner vorrangig unsere Spiritualität zu messen. Geistliche Menschen sind wir erst, wenn der Geist Jesu durch uns hindurchscheint, wenn die Fülle des Lebens in uns aufleuchtet und durch uns für die Menschen erfahrbar wird.

Es gibt allerdings nicht eine einzige Form reifer, christusförmiger Spiritualität. Sie sieht bei jedem Menschen etwas anders aus, weil jeder von uns den Geist Jesu auf einmalige und persönliche Weise widerspiegelt. Sie drückt sich auch in jedem Lebensalter anders aus. Es ist wichtig, diese Verschiedenheit und Vielgestaltigkeit mit weitem Herzen zuzulassen. Je älter und lebenserfahrener man wird, desto einfacher kann das geistliche

Leben, das Beten werden. Die Begeisterung der frühen Jahre mag schwinden, aber eine neue Weise tut sich auf, dem wirklichen Gott zu begegnen. Der Ordenschrist in den Herbsttagen seines Lebens geht nach innen, sucht Gott im Innern, in der Stille. Den Jüngeren ist eine Spiritualität eigen und angemessen, die begeisterungsfähig ist, die mitreißt, die kreativ ist. In der Lebensmitte zeigt sich die ihr gemäße Reife darin, Vergangenes in Freiheit loszulassen, das Heft allmählich aus der Hand zu geben und Gott an sich wirken zu lassen. Im Alter müssen wir uns mehr und mehr in das große Loslassen einüben. Eine Altenpflegerin erzählte mir, daß sie darüber erschrocken sei, daß ihre Mitschwestern im Alter schwieriger seien als die übrigen Bewohner des Altenheimes. Sie hielten an sich und ihren Bedürfnissen ängstlich und unerbittlich fest. Diesen älteren Ordensfrauen fiel es weitaus schwerer loszulassen als den Laien. Wie christusförmig war ihre Spiritualität?

Aber es gibt auch die alten Ordensfrauen und Ordensmänner, die reif geworden sind, die gelassen ja sagen zu ihrem Leben und zu ihrem Sterben, die weise geworden sind, gütig und sanftmütig, die sich ihrer Schwächen bewußt sind und nun nicht mehr auf sich vertrauen, sondern allein auf den Gott, der sie verwandeln und befreien kann. Diese Menschen sind ein großer Schatz für eine Gemeinschaft.

# Ausblick

Zu einer solch gelassenen und reifen Lebens- und Glaubenshaltung zu kommen ist wohl das Ziel aller Ordensleute. Aber nicht jeder Weg führt dorthin. Nur ein Weg, der über die wahrhaftige und wandlungsbereite Selbstbegegnung zu Gott kommt, dem nichts Menschliches fremd ist, der alles Gott hinhält, damit er es verwandelt, läßt uns zu dieser reifen, christusähnlichen Spiritualität gelangen. Es ist der Weg, auf dem wir uns der Realität unseres Herzens, auf dem wir uns unsren Gedanken und Gefühlen, unseren Leidenschaften und Bedürfnissen stellen und auf dem wir auch die Realität unserer Gemeinschaft sehen, nüchtern und liebevoll zugleich. Und es ist der Weg, auf dem wir bei jeder Station gewiß sind, daß Gott uns nahe ist und uns seine Menschenfreundlichkeit und Güte begleiten. Wenn Gott uns begleitet, dann führt er uns hinaus ins Weite und ins Licht. So hat es David erfahren, wenn er betet: „Du schaffst meinen Schritten weiten Raum ... Du, Herr, läßt meine Leuchte erstrahlen, mein Gott macht meine Finsternis hell" (Ps 18, 37 und 29).

Geistliche und menschliche Reife gehören eng zusammen. Es gibt kein geistliches Reifen ohne menschliches Reifen. Denn geistlich wachse ich nur, wenn *alle* Bereiche meines Leibes und meiner Seele vom Geist Gottes durchdrungen und verwandelt werden. Das bedeutet, daß wir uns der eigenen Person- und Lebenswirklichkeit und der Realität unserer Gemeinschaften stellen, daß wir sie mit all den Möglichkeiten unserer Verstandes- und Gemütskräfte durchdringen und beleben, daß wir auch das Potential seriösen psychologischen und soziologischen Wissens zu Hilfe nehmen, damit der Geist Gottes in die Strukturen unserer Seele und unserer Gemeinschaften eindringen kann. Die

Gnade wirkt nicht ohne unser Tun: „gratia supponit naturam". Der Geist Gottes überspringt nichts. Er wird nur das verwandeln, was wir ihm hinhalten.

Das Ziel des Reifens wird sichtbar in einem Wort über den Altvater Makarios: „Man erzählte vom Altvater Makarios dem Großen, daß er, wie es in der Schrift heißt, ein Gott auf Erden war. Denn wie Gott die Welt schützend deckt, so bedeckte Altvater Makarios die Schwächen, die er sah, als sähe er sie nicht, und was er hörte, als hörte er es nicht" (Apo, 485). Ein anderes lebendiges Beispiel finden wir im ersten Wüstenmönch, Antonius: „Er war wie ein Arzt, den Gott dem Lande Ägypten geschenkt hatte. Denn wer kam traurig zu ihm und kehrte nicht voll Freude heim? Wer kam weinend wegen seiner Verstorbenen und vergaß nicht sogleich sein Leid? Wer kam im Zorn, ohne daß er zur Freundschaft umgestimmt wurde? ... Wer kam zu ihm, der von einem Dämon geplagt wurde, ohne daß er Ruhe fand? Wer ging von Zweifeln gepeinigt und wurde nicht ruhig in seiner Seele?" (Athanasius: Antonius, 770f).

Möge Gott uns auch heute geistlich und menschlich gereifte Ordensleute schenken, die wie Ärzte für unsere Welt sein dürfen. Antonius hat zu dieser spirituellen und menschlichen Reife gefunden, weil er alles, was in seiner Seele auftauchte, Gott hinhielt, damit er es mit seinem Heiligen Geist verwandle. Das Ordensleben bietet eine Chance, in Gemeinschaft mit Weggefährten uns immer mehr unserer tiefsten Wahrheit zu nähern, sie Gott hinzuhalten, damit er uns nach dem Bild Jesu Christi verwandle. Wenn das Bild Christi in uns auf einmalige Weise aufstrahlt, dann wird auch der Arzt Jesus in uns und durch uns wirken und Menschen von ihren Zweifeln und Ängsten heilen. Aber – immer möge uns aufrechte Demut begleiten: Es ist nicht unser Verdienst, sondern Gottes wirkende Gnade, für die uns das Ordensleben mehr und mehr aufbrechen und in Dienst nehmen möchte.

# Textquellen und Lesehinweise

*Alsteens, André*, Die Oberin und die Kommunität, in: R. Hostie, Die Ordensfrau in ihrer Gemeinschaft, aaO., 77–109

*Athanasius*, Leben des heiligen Antonius, übers. v. H. Mertel, Kempten-München 1917

*Blattner, Jürgen/Plewa, Alfred*, Beschreibung und Erklärung der Persönlichkeit, in: Handbuch der Psychologie für die Seelsorge, Düsseldorf 1992, 443–463

*Bonhoeffer, Dietrich*, Widerstand und Ergebung, Hamburg 1971

*Bovet, Theodor*, Die Liebe ist in unserer Mitte, Tübingen 1968

*Bugenthal, Josef*, Stufen therapeutischer Entwicklung, in: Psychologie der Wende, hrsg. v. R. N. Walsh/F. Vaughan, München 1985, 212–220

*Dürckheim, Karlfried Graf*, Erlebnis und Wandlung, München 1983

*Dürckheim, Karlfried Graf*, Meditieren – wozu und wie. Die Wende zum Initiatischen, Freiburg i. Br. [11]1990 (TB-Ausgabe, Freiburg i. Br. [2]1995)

*Erikson, Erik H.*, Identität und Lebenszyklus, Frankfurt 1971

*Frielingsdorf, Karl*, Dämonische Gottesbilder, Mainz 1992

*Grün, Anselm*, Träume auf dem geistlichen Weg, Münsterschwarzach 1989

*Grün, Anselm/Dufner, Meinrad*, Gesundheit als geistliche Aufgabe, Münsterschwarzach 1989

*Grün, Anselm/Dufner, Meinrad*, Spiritualität von unten, Münsterschwarzach 1994

*Hostie, Raymond*, Die Ordensfrau in ihrer Gemeinschaft – Eine psychosoziale Studie, Kevelaer 1968

*Jaschke, Helmut*, Dunkle Gottesbilder – Therapeutische Wege der Heilung, Freiburg i. Br. 1992

*Jaschke, Helmut*, Der Heiler – Psychotherapie aus dem Neuen Testament, erw. Neuausgabe, Freiburg i. Br. 1995

*Ladisich-Raine*, Unveröffentlichter Aufsatz zur Gestalttherapie

*Lenzeder, Friederike*, Personale Reife und Klosterleben, Wien 1972

*Oraison, Marc*, Zwischen Angst und Illusion. Christliche Existenz in tiefenpsychologischer Sicht, Freiburg i. Br. 1960

*Maslow, Abraham*, Eine Theorie der Metamotivation, in: Psychologie der Wende, aaO., 143–152

*Petzold, Hilarion*, Gestalttherapie und Psychodrama, Kassel 1973

*Polster, Ervin,* Theorie und Praxis der integrativen Gestalttherapie, München 1977
*Praktisches Lexikon der Spiritualität.* Hrsg. v. Christian Schütz, Freiburg i. Br. (Sonderausgabe) 1992
*Ringel, Erwin/Kirchmayr, Alfred,* Religionsverlust durch religiöse Erziehung – Tiefenpsychologische Ursachen und Folgerungen, Wien $^{5}$1986 (TB-Ausgabe, Freiburg i. Br. 1993)
*Rudin, Josef,* Psychotherapie und Religion, Olten 1960
*Schaller, Hans,* „Erwachsen-Sein/Mündigkeit", in: Praktisches Lexikon der Spiritualität, aaO., 336–340
*Schlier, Heinrich,* Der Brief an die Galater, Göttingen 1965
*Stenger, Hermann,* Verwirklichung des Lebens aus der Kraft des Glaubens – Pastoralpsychologische und spirituelle Texte, Freiburg i. Br. $^{2}$1989
*Stenger, Hermann,* Der Glaube im Werden, Freiburg i. Br. 1966
*Wallhof, Hans,* „Freude", in: Praktisches Lexikon der Spiritualität, aaO., 407–411
*Wetzel, Helmut,* „Gestalttherapie", in: Handbuch der Psychologie für die Seelsorge II, 181–199